吳昆展 編著

故事雲

中國鬼話

經典大閱讀

目次

第三部　如果現實比鬼界還恐怖

第四部　鬼哪有那麼可愛

第五部　人和鬼的交鋒

中國鬼話概說

中國從很早就出現鬼神信仰，從出土的甲骨文字發現，商代人非常迷信，什麼事都要占卜，所以留下大量甲骨卜辭，記錄占卜的結果。商人的信仰主要是天神、人鬼和地祇，《禮記・表記》中記載孔子曾說：「殷人尊神，率民以事神，先鬼而後禮。」意思是殷人尊崇鬼神，帶領人民侍奉鬼神，比起禮儀更重視鬼神。這裡的鬼指的是死去的先王和祖先。《周禮・春官》也記載：「大宗伯之職，掌建邦之天神、人鬼、地示之禮，以佐王建保邦國。」意思是說，大宗伯的職責，是掌管國家對於天神、人鬼及土地神的祭祀之禮，以輔佐周王安定天下各邦國。顯示鬼神信仰與先民生活是密不可分的。

神話是起源於古代先民對於天地宇宙、自然現象的解釋，反映先民與自然的對抗；那麼，什麼是「鬼」？《禮記・祭義》說：「眾生必死，死必歸土，此之謂鬼。」意思是所有的生命都一定會死去，死後體魄必定歸於塵土，這就叫鬼。許慎《說文解字》說：「人所歸為鬼。」意思是人死了以後就成為鬼。普遍來說，人死後魂魄不散，留在人世，就成為鬼。在《論語》中，孔子曾說「未能事人，焉能事鬼？」認為還沒把處理人的事情學會，哪有多餘的心力去學習處理鬼神之事。在孔子的影響下，傳統的儒家學者鮮少討論鬼神之事，然而，一般民眾對「鬼」的好奇與恐懼，使得大量的「鬼話」流傳於民間，晉代干寶的《搜神記》不只「搜神」也「搜鬼」，保留了許多鬼故事；清代蒲松齡說自己「才非干寶，雅愛搜神；情類黃州，喜人談鬼」，意思是自己雖然才華比不上干寶，卻和他一樣喜歡搜集神話故事，像當年被貶謫黃州的蘇軾，喜歡聽人家談論鬼故事；所以蒲松齡的《聊齋誌異》，收錄了許多精彩的鬼故事。

中國古代的鬼故事有很多種類型，其中最為人津津樂道的應該是人鬼婚戀故事，古人認為鬼是人的精魂所化，有著人類的情感，有些鬼會與人相戀，進而結婚；也有一種是生前本為戀人或眷侶，因各種原因人鬼殊途後，仍念念不忘再續前緣，可說是用愛突破陰陽之隔了。另外有一種鬼故事，是跟死而復活有關的。有時候復活需要歷經種種考驗，有些鬼則因自身強烈的意志或是親人的呼喚，最後得以轉生或復活。比較有趣的是，有時候人得以死而復生，是因為陰間抓錯人，命不該絕而放回。還有一種鬼故事，是用來反映人間理想與現實的，具有諷刺意味，不是揭露司法不公、官吏暴虐無能，就是為了刻畫政治黑暗與科舉弊端。

在這些鬼故事裡，鬼的形象多樣，有些是害人厲鬼，會傷人、奪取人的精魂，他們或是無端作惡、或是被迫害人；有些鬼還挺可愛的，甚至飽讀詩書，精通棋琴書畫，也有些鬼個性善良，有情有義，還會報恩。在故事裡若有強調生死輪回、因果報應、描述地府世界的，通常是受到道教、佛教等宗教思想影響，這也是中國鬼話一個特別之處。最後本書還收錄了一些跟鬼相關的小故事，講述人鬼的鬥智交鋒：鬼也會生病、還求人救治；鬼的作怪本領；人運用智謀把鬼賣掉等等。

歷代筆記小說、尤其六朝志怪作品中，收錄了許多鬼故事，大多是作為奇聞異事來記錄，明清以後的鬼故事，才開始有更為細緻曲折的情節，其中值得一提的是元末明初瞿佑所撰的傳奇小說集《剪燈新話》，這本書影響了朝鮮、日本與越南文人，出現許多仿效與改寫的作品，然而要說到文學成就最高、名氣最大的，非清代蒲松齡的《聊齋志異》莫屬，也因此本書收錄了最多篇章。魯迅《中國小說史略》評《聊齋志異》說：「使花妖狐魅，多具人情，和易可親，忘為異類，而又偶見鶻突，知復非人。」他認為《聊齋志異》中的鬼魅妖狐，常有濃厚的人味，讓人覺得可親可愛，而不覺得他們是異類。總的來說，鬼的世界、鬼的行為，反映的是人的強烈意念，不論是死後的報恩、報仇，對人世的依戀，對未完遺願的追尋等，也因此中國古代豐富的鬼故事，大多有著濃濃的人味。

第一部　死了都要愛

真情才可跨幽冥，
成就這份超越生死的人鬼情緣。

紫玉與韓重

出自：《搜神記》

吳王夫差有一個小女兒，名叫紫玉，年方十八歲，學問和相貌都很出色。有個名叫韓重的十九歲少年，才華洋溢，品德和學問也都是一時之選。紫玉很喜歡他，私下與他來往並相互餽贈信物，兩人私訂終身。後來，韓重到齊、魯一帶遊學，臨走時，請求父母去向吳王提親，吳王大怒，不肯答應，紫玉因此香消玉殞，葬在都城的城門外。

三年後，韓重回到家鄉，向父母問起親事，父母告訴他：「吳王大怒，紫玉鬱鬱而終，已經埋葬了。」韓重悲痛大哭，準備了祭品和紙錢，到紫玉墓前憑弔。此時紫玉的靈魂竟從墓中出現，她流著淚對韓重說：「你走了以後，你的父母向我父王求親，原以為一定能夠締結一段良緣，沒想到你我一別後，我竟落得如此，真是無奈啊！」說完遙望左方，側頭歌唱，歌中唱著：「南山有隻烏鴉，北山張著羅網。烏鴉振翅高飛，羅網又能奈何！我心雖想隨君，又怕流言蜚語。悲傷鬱結成病，性命消磨殆盡。命裡註定無緣，埋怨又有何用！鳥類之首，名叫鳳凰，雄鳥一旦身亡，雌鳥哀傷三年，即使其他鳥類眾多，卻無一個能配成雙。我現身與你相見，身雖遠心卻近，沒有一時能夠相忘！」她唱完，哽咽著邀韓重一起到墓中。韓重說：「生死殊途，我害怕這樣會遭罪過，不敢接受妳的邀請。」紫玉說：「生死異路，我也知道。但今日你我一別，就永遠沒有相見的機會了，你認為我是鬼就會害你嗎？我是真誠的對待你，難道你不相信嗎？」韓重被她的話語感動，送她回到墓中。紫玉設宴款待他，留韓重住了三日三夜，兩人有了夫婦之實。韓重臨走時，紫玉取出一顆直徑一寸長的明珠送給他，說：「我已經失去了名聲，和你在一起的願望也無法實現，沒有什麼好說的了！希望今後你能夠保重自己。有一天如果到了我家，請代我問候父王。」

韓重從墓中出來後，就去晉見吳王，陳述此事。吳王大怒說：「我的女兒已經死了，你又捏造謠言，玷汙亡靈。這顆明珠是你挖墓所得，卻編造鬼神之事來欺騙我。」於是叫人捉拿韓重，韓重趕緊逃跑到紫玉墓前訴說這件事。紫玉說：「不要憂慮，我今天就回去告訴父王。」吳王正在梳髮，突然見到紫玉，又驚喜又悲傷，問道：「妳怎麼復生了？」紫玉跪下說道：「以前韓重來求親，父親沒有答應，以致女兒名聲毀損、斷絕希望，因此身亡。韓重從遠方回來，聽說女兒已死，就帶著祭品到我墓前弔唁。女兒被他始終如一的深情感動，與他相見，並送他一顆明珠，這不是他挖墓所得，懇請父王不要治他的罪。」

吳王夫人聽說女兒回來，便出來擁抱她，然而紫玉卻化成一縷煙飄散了。

◈吳王夫差小女，名曰紫玉，年十八，才貌俱美。童子韓重，年十九，有道術，女悅之，私交信問，許為之妻。重學於齊，魯之間，臨去，屬其父母使求婚。王怒、不與。女玉結氣死，葬閶門之外。

三年，重歸，詰其父母；父母曰：「王大怒，玉結氣死，已葬矣。」重哭泣哀慟，具牲幣往弔於墓前。玉魂從墓出，見重流涕，謂曰：「昔爾行之後，令二親從王相求，度必克從大願；不圖別後遭命，奈何！」玉乃左顧，宛頸而歌曰：「南山有烏，北山張羅；烏既高飛，羅將奈何！意欲從君，讒言孔多。悲結生疾，沒命黃壚。命之不造，冤如之何！羽族之長，名為鳳凰；一日失雄，三年感傷；雖有眾鳥，不為匹雙。故見鄙姿，逢君輝光。身遠心近，何當暫忘。」歌畢，歔欷流涕，要重還冢。重曰：「死生異路，懼有尤愆，不敢承命。」玉曰：「死生異路，吾亦知之，然今一別，永無後期。子將畏我為鬼而禍子乎？欲誠所奉，寧不相信。」重感其言，送之還冢。玉與之飲燕，留三日三夜，盡夫婦之禮。臨出，取逕寸明珠以送重曰：「既毀其名，又絕其願，復何言哉！時節自愛。若至吾家，致敬大王。」
重既出，遂詣王自說其事。王大怒曰：「吾女既死，而重造訛言，以玷穢亡靈，此不過發冢取物，托以鬼神。」趣收重。重走脫，至玉墓所，訴之。玉曰：「無憂。今歸白王。」王妝梳，忽見玉，驚愕悲喜，問曰：「爾緣何生？」玉跪而言曰：「昔諸生韓重來求玉，大王不許，玉名毀，義絕，自致身亡。重從遠還，聞玉已死，故齎牲幣，詣冢弔唁。感其篤，終輒與相見，因以珠遺之，不為發冢，願勿推治。」夫人聞之，出而抱之，玉如煙然。

關於《搜神記》

作者為東晉著名史學家及文學家干寶（？～336），漢魏六朝最具代表性的志怪小說集。本書內容為從民間大量蒐集的各種鬼怪、神異、奇聞以及方士神仙的傳說，也有採自正史中記載的祥瑞、異變等事蹟。原書已佚，後人從古籍中輯錄為現今的二十卷。各篇敘述簡短，但對後世的中國傳奇小說和戲曲影響鉅大，像是「唐人傳奇」，以及清初的《聊齋志異》。書中的故事，除了生動有趣，也深具警世的意味。

牡丹燈籠

出自：《剪燈新話》

元末方國珍占據浙東的時候，每年元宵節，都要在明州掛五夜的燈，全城百姓不分男女，都能盡情觀賞。

到了至正二十年，有一個姓喬的書生，家住在鎮明嶺下，因為剛剛喪妻，自己獨居鬱悶無聊，沒有出去遊玩，只是靠著門口站著而已。這一年正月十五晚上，三更過後，遊人漸漸稀少。這時，他看到一個小丫鬟，提著一盞雙頭牡丹燈在前面導引，一個美女跟隨在後面，年紀大約十七、八歲，穿著紅色裙子綠色上衣，體態柔美輕盈，正緩緩朝西走去。

喬生在月光下仔細觀看，那名女子青春美貌，真是國色天香。喬生不覺神魂飄蕩，不能控制自己，竟尾隨她們而去。他有時走在她們前面，有時走在她們後面。走了幾十步，女子忽然回過頭來微微一笑，說：「當初並沒有約好見面，今天竟然在月下相遇，似乎並非偶然啊。」喬生聽了，立刻快步走向前去，拱手行禮說：「寒舍就在這附近，佳人是否願意光臨？」女子聽了，並沒有為難或拒絕的意思，立即招呼丫鬟說：「金蓮，妳提著燈籠一同前往吧。」於是丫鬟就返回原路。

喬生牽著女子的手回到家中，兩人非常歡樂親暱，他自認為古人在巫山、洛水遇到的神女和美女，也不過如此。喬生問起女子的姓名和住處，女子說：「我姓符，字麗卿，名字叫漱芳，是已故奉化州判的女兒。我的父親亡故後，家道中落，我既沒有兄弟，又沒什麼家族親人，只剩自己孤身一人，與金蓮寄居在湖西。」喬生聽了，就留她住下來。女子的姿態豔麗，說話聲音柔美。當晚，兩人同床共枕，低垂幃帳，極盡歡愛之情。到了天亮時，女子就告別離去，等到晚上才又來，就這樣過了差不多半個月。

鄰居有個老翁感到懷疑，就在牆壁上鑿了個洞偷看，只見一個紅粉骷髏與喬生並排坐在燈下，老翁大為驚駭。隔天早上，他跑去質問喬生，喬生卻不肯透露口風。老翁說：「唉！你闖下大禍了！人是極盛的純陽之物，鬼則是陰間邪惡汙穢之物。今天你與陰間的鬼魅同居卻不知道，和邪惡汙穢的東西共宿卻不醒悟，一旦體內的精氣耗盡，禍患就來了，可惜你還這麼年輕，就要命喪於此，多麼可悲啊！」喬生聽了這番話，不由得驚恐起來，於是將事情始末都對老翁說了。老翁說：「她說自己寄居在湖西，你前去探訪一下，就可以知道實情了。」

喬生聽從了老翁的話，直奔月湖西面，在長堤上、高橋下來往奔走，拜訪當地居民，詢問過路客人，都說沒有這個人。到了太陽快下山的時候，喬生進入湖心寺稍微休息一下。他走完東邊長廊，又轉向西邊長廊，在長廊盡頭看見一個昏暗的房間，裡面有一具客死者的靈柩，白紙上面寫著：「故奉化符州判女麗卿之柩。」靈柩前懸掛了一盞雙頭牡丹燈，燈下立著一個陪葬的婢女俑，背上寫著「金蓮」二字。喬生看了以後，嚇得毛髮倒豎，渾身上下起雞皮疙瘩，連忙頭也不回地奔跑出寺門。

當天晚上，喬生就在鄰居老翁家借宿，一臉憂愁害怕的樣子。老翁跟他說：「玄妙觀的魏法師，是已故開府王真人的弟子，他驅鬼辟邪的符籙是當今數一數二的，你應該趕快前去求求他。」第二天清晨，喬生連忙趕到道觀。法師看到他進來，驚訝地問：「你身上的妖氣很重，為什麼來這裡？」喬生拜伏在法師座前，詳細敘述了整件事情。法師給了他兩道朱符，要他一道放在門口，一道放在床榻上，並告誡他不能再去湖心寺。喬生拿了符回家，依照法師吩咐安放好，從此以後，那名女子果然不來了。

如此過了一個多月，喬生前往袞繡橋拜訪朋友。朋友留他喝酒，喝到酩酊大醉，以至於忘了法師的告誡，直接取道湖心寺回家。他快要到寺門口的時候，只見金蓮已在前面行禮拜見，說：「娘子等候您很久了，為什麼這段時間竟如此薄情！」於是與喬生一同進入西邊長廊，一直走到昏暗的房間中。那美女坐在房裡，數落喬生說：「我與郎君原本不認識，是偶然在燈下相見。我被您的美意感動，才以身相許，晚上前去，早上回來，對您實在不薄。可是您為什麼要相信妖道的話，突然產生懷疑，便想永遠斷絕來往？您這麼薄情無義，我實在非常恨您啊！今天有幸可以相見，怎麼捨得放過你？」說完隨即握住喬生的手，走到靈柩前面，靈柩忽然自動打開，她抱著喬生一同跳了進去，靈柩隨即關閉，喬生遂死在靈柩之中。

鄰居的老翁對喬生這麼久沒回來感到很奇怪，於是就到處去打聽消息，等到找到湖心寺中停放靈柩的昏暗房間，看見喬生的衣角微微露出柩外，就請求寺裡僧人打開了靈柩，一看之下才發現原來喬生已經死了很久了。他與女子的屍體一俯一仰躺在柩內，女子的容貌就像生前活著時一樣。寺僧感歎地說：「這是奉化州判符君的女兒，死的時候才十七歲。原說暫且停柩在此地，結果他們全家遷往北方，竟然從此毫無音訊，到現在已經有十二年了。沒有想到竟會如此作怪！」隨後，就把靈柩和喬生一起葬在西門外。

從此以後，每當烏雲密布的白天，沒有月亮的晚上，常常能看到喬生與女子牽著手一同行走，前面則有個丫鬟提著雙頭牡丹燈導引。碰到他們的人立刻就會得重病，忽冷忽熱地發作。若以誦經做佛事超度，用三牲美酒祭祀，或許可以痊癒，否則的話就會臥床不起。當地居民大為恐慌，競相前往玄妙觀拜謁魏法師，向他訴說這個情形。法師說：「我的符籙只能在鬼怪尚未為禍之前防止它，現在禍害已經形成，這就不是我的能力可以處理的了。聽說有一個鐵冠道人，居住在四明山山頂，他能考訊鬼神之罪，法術很靈驗，你們應該前去求他。」

眾人於是到了四明山，攀著葛藤長草，越過小溪山澗，一直爬上最高峰，那裡果然有座草庵，一名道人靠桌而坐，正在看童子馴養白鶴。眾人紛紛在道人面前行禮下拜，告訴他來此的原因。道人說：「我是隱居在山林的人，早晚會死，哪裡有什麼奇妙法術！你們誤信別人的話了。」十分堅決地推辭。眾人說：「我們本來並不知道您，是因為玄妙觀魏法師的指點，才來這裡的。」道人這才放心地說：「老夫已經有六十年不下山了，都是這小子多嘴，要勞煩我去走一趟。」隨即與童子一起下山。他的步履輕快，逕自走到西門外，設置了一丈見方的土壇，端正踞坐在席子上，寫了一道符然後燒了它。

忽然間，有神將數人，戴黃巾，穿錦襖，披金甲，手持雕花的戈，身高都有一丈多。神將站立在壇下，向道人鞠躬請示命令，模樣十分嚴肅尊敬。道人說：「此地有鬼怪作祟，驚擾了百姓，你們難道不知道嗎？趕快將它們驅趕到這裡來。」神將受命前去，過了一會兒，就把女子、喬生以及金蓮用枷鎖全部押來，還用鞭子抽打，打得他們鮮血淋漓。道人大聲斥責了很長時間，命令他們如實招供。神將把紙筆交給他們，三人各自招供了數百字。現在在此抄錄他們的供詞概要。

喬生招供說：請念在我喪妻鰥居，倚門獨站，犯了色戒，動了欲心。不能仿效戰國楚人孫叔敖見兩頭蛇就果決撲殺，以致像唐代傳奇《任氏傳》中的鄭六遇見九尾狐而心生愛憐。事情既然已經如此，後悔也來不及了！

符麗卿招供說：請念在我年紀輕輕就去世，白天沒有親近的人，七魂六魄離身，一靈尚存未滅。在燈前月下，難得巧遇五百年的歡喜冤家；於是才在世上人間，做出了讓世人傳誦的風流故事。我走錯了路而不知返，哪裡還敢逃避罪責！

金蓮招供說：請念在我以削成的竹枝為骨，以染色的絹布為身體，埋藏在墳頭墓前，要怪誰做成我這樣的人偶呢？我的面貌關節，像真人一樣的具體而微，又有名字稱呼，怎麼能夠不成精呢！我是因此而幻化成形，並不敢存心成妖害人！

招供完畢，神將把供詞呈上，道人用一隻大筆寫下判詞：

聽說大禹把鬼神百物之形鑄在鼎上，以致鬼怪妖邪無法遁形；溫嶠燃犀角照明，龍宮水府的怪物都現出原形。人與鬼神之間大不相同，才會造成種種怪異詭譎之事。人或物遇上了都會有害無利。所以歷史上晉景公看到厲鬼進門而橫死；齊襄公在郊野看到大豬人立而啼於是暴斃。這都是妖邪降下災禍而作孽啊！因此在九重天上設有斬邪使，在下界則設有懲惡司，使山裡的妖精、水裡的怪物，無法藏匿犯行；使夜叉和羅剎，不能施展暴虐的手段。何況現在正是太平盛世，你們竟敢變換身形，依附草木，在天陰下雨的夜晚，在月落星斜的早晨，在梁上放肆叫囂，在暗室放肆窺探，四處鑽營，只為謀利，不顧廉恥，貪婪殘酷，來去快如飄風，惡行烈如猛火。喬家之子，活著尚且不覺悟，死了又何必憐憫。符氏之女，人雖死了還貪圖淫樂，活著的時候更可想而知！而金蓮更是怪誕，以一個陪葬物而行假託詐欺之事。欺騙世人，違法犯律。狐狸走路遲緩而行為放蕩，鶺鴒急急奔行自非善類。惡貫滿盈，罪不可赦。你們害人挖的坑從今天起填滿，你們擺下的迷魂陣自此打破。著即燒毀雙明燈，押赴陰間地獄受審。

判詞撰寫完畢，主管的神將立刻遵令奉行。此時只見喬生、符麗卿、金蓮三人哀傷哭啼，徘徊不肯前行，被金甲神將驅趕揪拉著離去。道人拍拍袖子，起身返回四明山。第二天，眾人前往山頂感謝道人，到了那裡卻不見人影，只剩下草庵依然還在。大家急忙又去玄妙觀找魏法師詢問緣故，到了那裡，發現魏法師已經變成啞巴，再也不能說話了。

◈方氏之據浙東也，每歲元夕，於明州張燈五夜，傾城士女，皆得縱觀。

至正庚子之歲，有喬生者，居鎮明嶺下，初喪其耦，鰥居無聊，不復出遊，但倚門佇立而已。十五夜，三更盡，遊人漸稀，見一丫鬟，挑雙頭牡丹燈前導，一美人隨後，約年十七八，紅裙翠袖，婷婷嫋嫋，迤邐投西而去。

生於月下視之，韶顏稚齒，真國色也。神魂飄蕩，不能自抑，乃尾之而去，或先之，或後之。行數十步，女忽回顧而微哂曰：「初無桑中之期，乃有月下之遇，似非偶然也。」生即趨前揖之曰：「敝居咫尺，佳人可能回顧否？」女無難意，即呼丫鬟曰：「金蓮，可挑燈同往也。」於是金蓮復回。

生與女攜手至家，極其歡暱，自以為巫山洛浦之遇，不是過也。生問其姓名居址，女曰：「姓符，麗卿其字，漱芳其名，故奉化州判女也。先人既歿，家事零替，既無弟兄，仍鮮族黨，止妾一身，遂與金蓮僑居湖西耳。」生留之宿，態度妖妍，詞氣婉媚，低幃暱枕，甚極歡愛。天明，辭別而去，暮則又至，如是者將半月。

鄰翁疑焉，穴壁窺之，則見一粉骷髏與生並坐於燈下，大駭。明旦，詰之，秘不肯言。鄰翁曰：「嘻！子禍矣！人乃至盛之純陽，鬼乃幽陰之邪穢。今子與幽陰之魅同處而不知，邪穢之物共宿而不悟，一旦真元耗盡，災眚來臨，惜乎以青春之年，而遂為黃壞之容也，可不悲夫！」生始驚懼，備述厥由。鄰翁曰：「彼言僑居湖西，當往物色之，則可知矣。」

生如其教，逕投月湖之西，往來於長堤之上、高橋之下，訪於居人，詢於過客，並言無有。日將夕矣，乃入湖心寺少憩，行遍東廊，復轉西廊，廊盡處得一暗室，則有旅櫬，白紙題其上曰：「故奉化符州判女麗卿之柩。」柩前懸一雙頭牡丹燈，燈下立一明器婢子，背上有二字曰金蓮。生見之，毛髮盡豎，寒慄遍體，奔走出寺，不敢回顧。

是夜借宿鄰翁之家，憂怖之色可掬。鄰翁曰：「玄妙觀魏法師，故開府王真人弟子，符籙為當今第一，汝宜急往求焉。」明旦，生詣觀內。法師望見其至，驚曰：「妖氣甚濃，何為來此？」生拜於座下，具述其事。法師以朱符二道授之，令其一置於門，一置於榻，仍戒不得再往湖心寺。生受符而歸，如法安頓，自此果不來矣。

一月有餘，往袞繡橋訪友。留飲至醉，都忘法師之戒，逕取湖心寺路以回。將及寺門，則見金蓮迎拜於前曰：「娘子久待，何一向薄情如是！」遂與生俱入西廊，直抵室中。女宛然在坐，數之曰：「妾與君素非相識，偶於燈下一見，感君之意，遂以全體事君，暮往朝來，於君不薄。奈何信妖道士之言，遽生疑惑，便欲永絕？薄倖如是，妾恨君深矣！今幸得見，豈能相捨？」即握生手，至柩前，柩忽自開，擁之同入，隨即閉矣，生遂死於柩中。

鄰翁怪其不歸，遠近尋問，及至寺中停柩之室，見生之衣裾微露於柩外，請於寺僧而發之，死已久矣，與女之屍俯仰臥於內，女貌如生焉。寺僧歎曰：「此奉化州判符君之女也，死時年十七，權厝於此，舉家赴北，竟絕音耗，至今十二年矣。不意作怪如是！」遂以屍柩及生殯於西門之外。

自後雲陰之晝，月黑之宵，往往見生與女攜手同行，一丫鬟挑雙頭牡丹燈前導，遇之者輒得重疾，寒熱交作；薦以功德，祭以牢醴，庶獲痊可，否則不起矣。居人大懼，競往玄妙觀謁魏法師而訴焉。法師曰：「吾之符籙，止能治其未然，今祟成矣，非吾之所知也。聞有鐵冠道人者，居四明山頂，考劾鬼神，法術靈驗，汝輩宜往求之。」

眾遂至山，攀緣籐草，驀越溪澗，直上絕頂，果有草庵一所，道人憑几而坐，方看童子調鶴。眾羅拜庵下，告以來故。道人曰：「山林隱士，旦暮且死，烏有奇術！君輩過聽矣。」拒之甚嚴。眾曰：「某本不知，蓋玄妙魏師所指教耳。」始釋然曰：「老夫不下山已六十年，小子饒舌，煩吾一行。」即與童子下山，步履輕捷，逕至西門外，結方丈之壇，踞席端坐，書符焚之。

忽見符吏數輩，黃巾錦襖，金甲雕戈，皆長丈餘，屹立壇下，鞠躬請命，貌甚虔肅。

道人曰：「此間有邪祟為禍，驚擾生民，汝輩豈不知耶？宜疾驅之至。」受命而往，不移時，以枷鎖押女與生並金蓮俱到，鞭箠揮撲，流血淋漓。道人呵責良久，令其供狀。將吏以紙筆授之，遂各供數百言。今錄其略於此。

喬生供曰：

伏念某喪室鰥居，倚門獨立，犯在色之戒，動多欲之求。不能效孫生見兩頭蛇而決斷，乃致如鄭子逢九尾狐而愛憐。事既莫追，悔將奚及！

符女供曰：

伏念某青年棄世，白晝無鄰，六魄雖離，一靈未泯。燈前月下，逢五百年歡喜冤家；世上民間，作千萬人風流話本。迷不知返，罪安可逃！

金蓮供曰：

伏念某殺青為骨，染素成胎，墳壠埋藏，是誰作俑而用？面目機發，比人具體而微。既有名字之稱，可乏精靈之異！因而得計，豈敢為妖！

供畢，將吏取呈。道人以巨筆判曰：

蓋聞大禹鑄鼎，而神奸鬼秘莫得逃其形；溫嶠燃犀，而水府龍宮俱得現其狀。惟幽明之異趣，乃詭怪之多端。遇之者不利於人，遭之者有害於物。故大厲入門而晉景歿，妖豕啼野而齊襄殂。降禍為妖，興災作孽。是以九天設斬邪之使，十地列罰惡之司，使魑魅魍魎，無以容其奸，夜叉羅剎，不得肆其暴。矧此清平之世，坦蕩之時，而乃變幻形軀，依附草木，天陰雨濕之夜，月落參橫之晨，嘯於梁而有聲，窺其室而無睹，蠅營狗苟，羊狠狼貪，疾如飄風，烈若猛火。喬家子生猶不悟，死何恤焉。符氏女死尚貪淫，生可知矣！況金蓮之怪誕，假明器而矯誣。惑世誣民，違條犯法。狐綏綏而有蕩，鶉奔奔而無良。惡貫已盈，罪名不宥。陷人坑從今填滿，迷魂陣自此打開。燒毀雙明之燈，押赴九幽之獄。

判詞已具，主者奉行急急如律令。即見三人悲啼躑躅，為將吏驅捽而去。道人拂袖入山。明日，眾往謝之，不復可見，止有草庵存焉。急往玄妙觀訪魏法師而審之，則病瘖不能言矣。

關於《剪燈新話》

作者瞿佑（1341~1427），明初著名的筆記故事集，是唐宋傳奇過渡到《聊齋志異》的重要橋梁。瞿佑收集古今怪奇之事，編輯成書，很多故事是從別人那裡聽來的。本書內容繼承了六朝志怪和唐人傳奇的傳統，題材有很大一部分在寫婚戀愛情、鬼怪世界，不少故事成為後來話本小說和戲曲的創作來源。這本書在明代遭朝廷下令查禁，但卻風行於同時代及其後的朝鮮、日本和越南。十五世紀時，朝鮮詩人金時習借鑑本書寫了《金鰲新話》。十六世紀時，越南阮嶼也受本書啟發，仿照《剪燈新話》體例，撰寫了《傳奇漫錄》。十八世紀日本作家上田秋成的小說集《雨月物語》，有幾篇就是取材自本書與馮夢龍的「三言」。

聶小倩

出自：《聊齋志異》

寧采臣是浙江人，為人慷慨豪爽，清廉自重。他常常對人說：「我這個人用情專一，絕不見異思遷。」

有一次，寧采臣有事要到金華去。走到城北，他走進一座寺廟裡休息。只見寺廟大殿寶塔十分壯麗，但地上卻長滿了比人還高的野草，顯然已經許久沒有人來過了。再往裡看，東西兩邊僧人居住的房舍，門都虛掩著，只有南面一間小屋的門上，好像掛著一把新鎖。大殿東角有一片修竹，臺階下有個大池子，裡邊叢生的野生菱藕已經開花，寧采臣很喜歡這個幽靜的地方，況且，因為學使大人來到金華，參加考試的學子很多，城裡房價租金飛漲，寧采臣於是決定暫時就住在這座寺廟裡。他心想，這寺中的和尚也不知道什麼時候回來，何不散散步等他們回來呢？遂獨自一人在寺中漫步。

傍晚時，有個讀書人來開南面小屋的門，他趕忙上前施禮，並告訴對方自己想要在這裡留宿。那個讀書人說：「這裡沒有屋主，我也是在這裡借宿。若您不嫌冷清住在這裡，我早晚都能向您討教，真是不勝榮幸。」寧采臣很高興，就鋪了些蒿草當床，又架起木板當桌子，準備在這裡住些日子。這天夜晚月光皎潔，寧采臣和那位書生在大殿的走廊裡促膝長談。書生說自己姓燕，叫燕赤霞。寧采臣以為他是來應考的秀才，但聽他的口音，一點兒也不像浙江人，一問之下，才知道他是陝西人，說話的語氣樸實真誠。兩人交談了半天，才各自回床就寢。

寧采臣每次剛到陌生的地方過夜，總是輾轉難以入睡。他正在半睡半醒之際，卻聽到北邊房裡有人在竊竊私語，好像住有家眷。於是，他起身趴在北牆石窗下，悄悄看了一眼。只見短牆外一個小院落裡，有一位四十多歲的婦女，還有一個老太婆，穿著暗紅色外衣，頭上插著銀梳子，一副老態龍鍾的樣子。原來是她們倆在月下說話。

那婦人說：「小倩為什麼很久沒到這裡來？」老太婆說：「差不多要來了吧。」婦人說：「她沒向姥姥發牢騷嗎？」老太婆回答：「雖然沒聽她發什麼牢騷，但她看起來好像心情不太好。」婦人又說：「可不能把這個小丫頭當成自己人！」話未說完，就有個十七、八歲的女孩進來了，模樣很美。老太婆笑著說：「背後不說人，我們兩個正說妳呢，沒想到妳這個小妖精倒悄悄進來了，幸虧我們沒說妳什麼壞話。」老太婆接著說：「小娘子長得好比畫中人，我要是個男子，一定早被妳把魂勾跑。」女孩說：「姥姥不誇獎我幾句，還有誰會說我好？」婦人和女孩子還說了些什麼，寧采臣沒有聽清。他以為她們是燕書生的親眷，所以躺回草床不再聽她們說話。過了一會兒，寺廟裡一片寂靜。

寧采臣剛要入夢時，覺得好像有人進了他的臥室。他急忙起身一看，發現是北院那個叫小倩的女孩子進來了。他不由得吃了一驚，問她進來幹什麼，她笑著說：「晚上睡不著，想跟你一起睡。」寧采臣一本正經地說：「妳不怕別人議論，我還怕別人說閒話呢。只要稍微一失足，就會成為道德淪喪的無恥之徒。」女孩說：「大半夜的，沒人知道的。」寧采臣又大聲責罵，女孩猶豫著好像有話要說。寧采臣吼道：「快走開！要不然，我就要喊南邊小屋裡的人了。」聽了這話，那女孩有些害怕，只好走開了。那女孩剛走出門，又轉身回來，把一錠金子放在寧采臣的床褥上。寧采臣馬上把它扔到院子的臺階上，斥責說：「不義之財，弄髒了我的口袋。」女孩羞愧地揀起金子走了，嘴裡還說：「這個男人真是鐵石心腸。」

第二天一早，又有個蘭溪來應考的書生帶著一個僕人來廟裡住下。他們住在寺廟的東廂房裡。不料，書生竟在當天夜裡暴死了。他死後，人們發現他的腳板心有個小孔，像是被錐子刺的，還有一縷縷血絲流出來，大家都不知道這是怎麼回事。過了一個晚上，書生的僕人也死了，症狀和書生一模一樣。晚上，燕生回來了。寧采臣問他知不知道死因，他認為這是鬼魅幹的。寧采臣為人耿直，根本沒把鬼的事放在心上。

到了夜裡，那個女孩子又來找他。她對寧采臣說：「我見過的人多了，但沒遇過像你這樣剛直的人。你有聖賢的品德，我不敢欺騙你。我叫聶小倩，十八歲就病死了，埋在這座寺院旁，不幸被妖物裹脅，幹了不少傷天害理的下賤勾當。我用美色去迷惑別人，這並非我所願。現在這寺中沒有人可以殺，鬼夜叉很可能要來殺你。」寧采臣聽了這話，十分驚駭，請求小倩幫他想辦法。聶小倩說：「你跟燕赤霞住在一屋便能免除凶災。」寧采臣問了一句：「為什麼你們不去迷惑燕赤霞？」小倩回答說：「他是個奇人，鬼妖不敢接近他。」寧采臣又問：「你們怎麼迷惑人呢？」聶小倩說：「那些想要和我親熱的人，我悄悄用錐子刺他的腳心，這樣，他很快就昏迷過去，於是，我再吸他的血給妖怪喝。有時候，我用金子去勾引，其實那不是金子，而是羅剎鬼的骨頭。這東西留在誰那裡，就能把誰的心肝掏去。這兩種方法，都是迎合當今人們貪色好財的心理。」寧采臣非常感謝她，問她什麼時候要提防，她說明天晚上。臨別時，小倩哭著說：「我掉進苦海，找不到岸。你是仗義君子，一定能救苦救難。如果你能把我的枯骨帶到一個清淨的地方安葬，我將感激不盡。」寧采臣二話不說答應了她的要求，問她的墳在哪裡，她說：「請記住，白楊樹上有烏鴉巢穴的地方便是。」說完出門，片刻就消失不見了。

第二天，寧采臣恐怕燕赤霞外出，便早早到他房裡，邀他過來喝酒。上午才剛辰時，酒菜就都準備好了。酒席上，寧采臣留意觀察燕赤霞。寧采臣表示想和他同屋睡，燕赤霞推辭說自己喜歡清淨，寧采臣不聽，到了晚上，強行把鋪蓋都搬過來了，燕赤霞不得已，只好讓他同睡，但他囑咐寧采臣：「我知道你是個大丈夫，對你也很欽佩。不過，我有些私事，不便明說。請你不要翻看我的小箱子。否則，對你我兩人都沒好處。」寧采臣很恭敬地答應了。後來，兩人各自就寢。燕赤霞臨睡前把小箱子放在窗臺上，過了一會兒，他就鼾聲如雷。寧采臣半天也睡不著。大約一更時分，他發現窗外隱隱約約有人影，正慢慢靠近窗戶朝裡窺看，目光閃閃。寧采臣很害怕，正要叫醒燕赤霞，忽然聽見有個東西從小箱子中飛出，像一匹白綢緞閃閃發亮，把窗戶上的石頭窗格都撞斷了，這道白光猛然一射，隨即又立刻收回，像電光一樣熄滅了。

這時，燕赤霞從床上起身，寧采臣立刻假裝睡著，暗中觀察他。只見燕赤霞拿起箱子檢查，從裡面取出一個東西，映著月光嗅了嗅。那東西亮晶晶的，大約有兩寸長，像一片韭菜葉子那麼寬。然後，燕赤霞把它緊緊包牢，又放回箱子裡，自言自語：「不知道是什麼老妖，竟敢有這麼大的膽子，把我的箱子都給弄壞了。」之後才又躺下來。寧采臣覺得太奇怪了，便起身詢問燕赤霞，並把剛才所看到的都告訴了燕赤霞。燕赤霞說：「既然我們已是好朋友，我也就不必再隱瞞了。我是個劍客。要不是那個石頭窗格阻擋，妖怪當時必死無疑。雖說這次沒能殺死它，但那老妖也已受了重傷。」寧采臣問：「剛才藏起來的是什麼東西？」燕赤霞說：「那是劍，我剛才聞那柄劍，上面有股妖氣。」寧采臣說想看看這柄劍，燕赤霞拿出來給他看，原來，這是一柄亮閃閃的小劍。於是寧采臣更加敬重燕赤霞。

第二天一早，寧采臣到窗外查看，發現地上有攤血跡。這天，寧采臣走出寺院，在寺院北邊，看見一片荒塚。再一看，果然有棵白楊樹，樹上有個烏鴉巢。寧采臣處理完要辦的事情以後，整理行裝準備回家。臨行前，燕赤霞設宴送行，並把一個破舊的皮囊贈送給寧采臣，他告訴寧采臣：「這是劍袋。你好好收藏，它可以避妖怪。」寧采臣想跟他學劍術，燕生說：「像你這樣重信義又剛直的君子，本來是可以學我的劍術，但你命中注定富貴，非我道中人啊！」寧采臣就假稱說有個妹妹葬在寺院北邊，打算遷葬。於是，他挖出聶小倩的枯骨，用衣服跟被子妥善包好，租了艘船返家。

寧采臣的書齋靠近郊野。他回家後就將小倩的墳建在書齋外，墳建好安葬後，他祭祀說：「可憐妳孤零零一人，現在把妳葬在我小屋旁邊，這樣，妳的悲歡我都能聽見，也不會再有惡鬼來欺負妳。水酒一杯，不成敬意，請不要嫌棄，把它喝了罷！」他祝祭完以後正準備回家，忽然聽見身後有人喊道：「請等等我！」回頭一看，竟是小倩。聶小倩笑著謝寧采臣：「你的信義，我永遠也報答不盡。請讓我隨同你回去，拜見婆婆，就是做個丫頭小妾也心甘情願。」寧采臣細細打量她，見她肌膚細嫩，小腳尖細，身材嬌娜，嫵媚動人。於是，便帶她一同回到書齋。寧采臣讓她先坐一會兒，他先進去稟告母親。

他母親聽說後感到很吃驚。當時，寧采臣的妻子已病了很長時間，母親叫他不要聲張，以免刺激病人。他們母子正說著話，聶小倩已悄悄進屋，跪在地上拜見寧采臣的母親。寧采臣介紹說：「這就是小倩。」寧母看到小倩，嚇得驚惶失措，不知道怎樣才好。聶小倩說：「我孤單一身，遠離父母兄弟。承蒙公子關照，使我擺脫了困境。因此，我願意侍奉他，以報答他的恩德。」寧母見她模樣可愛，才漸漸敢與她說話。寧母說：「姑娘願意照顧我兒子，我這個老太婆當然很高興。只是我這輩子僅僅養了這個兒子，要靠他傳宗接代，不敢讓他娶個鬼妻。」小倩說：「我真的沒有貳心。九泉之下的人既然得不到您的信任，那就讓我把公子當兄長對待，聽候您老人家的吩咐，早晚伺候，可以嗎？」寧母見小倩說得真誠，便答應了。小倩說她想拜見嫂夫人，寧母就推辭說寧妻患病在床，多有不便。小倩也就沒有去。接著，小倩立即到廚房，替母親做飯。她在寧采臣家進進出出，穿堂入室，像是來了很長時間一樣，一點都不陌生。

天黑以後，寧母有些怕她，要她先回去睡覺，卻不替她準備床被。小倩知道這是母親趕她走的信號，於是，她就走了。經過寧采臣的書房時，她想進去，又不敢進，在門外徘徊。寧采臣叫她，她說：「房裡有劍氣，叫人害怕。前些時候在路途上不敢見你，就是這個緣故。」寧采臣頓時想起燕赤霞送給他的舊皮囊，於是，他趕忙把皮囊拿下來掛到別的房間去。小倩這才進了書房，在燭燈邊坐下。

兩人坐了好一會兒，半天也沒說一句話，後來，她問寧采臣：「你晚上讀書嗎？我小時候念過《楞嚴經》，現在多半都忘光了。請你幫我找一冊，夜晚空閒時我請大哥指點指點。」寧采臣答應了。兩個人又無話可講，小倩也不說告辭。到了二更以後，小倩還坐在書房裡不走，寧采臣催她，她傷心地說：「我是外地來的孤魂，特別害怕回到荒墳裡去。」寧采臣說：「這裡沒有替妳多準備的臥榻，且兄妹之間，也應該避嫌。」小倩站起身，一副愁眉苦臉要哭的樣子，想邁步卻又邁不開步子。她慢吞吞地走出書房，過了臺階就不見了。寧采臣心裡很可憐她，想安排留她睡在別的床上，又擔心母親會責怪。第二天一早，小倩向母親請安，端水給她盥洗，家務活忙個不停，而且，樣樣都合寧母的心。傍晚時，小倩自動離開書齋。她經過書房時，經常借著燭光念經，直到寧采臣要睡覺時才淒然離去。

本來，自從寧妻病倒以後，寧母便操持起所有的家務，早已疲勞不堪。自從小倩來到家裡以後，寧母就清閒多了。日子久了，寧母與小倩漸漸熟悉，對小倩也越來越疼愛。到後來，寧母幾乎完全忘了小倩原來是鬼，也不忍心晚上再叫她走，便把她留下來跟自己一起睡。小倩初來時，不吃不喝，半年後才開始吃點稀飯。寧采臣母子都很喜愛她，從來也不說她是鬼，別人也不知道這件事。

不久，寧妻病逝了。寧母隱隱有想收小倩做兒媳的念頭，但又怕對兒子不利。小倩猜到了寧母的念頭，就找個機會對寧母說：「我在這住了一年多，您應該已經知道我的真心。我並不想害人，才跟著大哥回來。大哥做事光明磊落，人所欽佩，我想跟隨著大哥幾年的時間，就是希望倚靠大哥贏得誥封，讓我沾光。」寧母也知道小倩不會害人，但擔心無法傳宗接代。小倩又說：「子女之數，是命中註定的。大哥命中有福報，該當有三名男孩，不會因為我是鬼妻就奪了他的福氣。」寧母相信了，就去跟兒子商議。寧采臣聽了非常高興，就邀請眾親戚朋友來參加喜宴。喜宴上，有人提議說想要看看新娘子，小倩也穿戴一新，盛妝走出來拜見賓客，每個人都很驚訝小倩的貌美，不但不疑她是鬼，反而都覺得像是仙女下凡。眾賓客的女眷都帶著賀禮到內室，搶著想要結識小倩。小倩很會畫蘭花跟梅花，就畫了字畫作為答謝的回禮，得到的賓客都開心地珍藏起來，感到非常光榮。

婚後有一天，小倩像是心事重重，趴在窗前悵然若失。她突然問起：「燕赤霞送你的那個舊皮囊在哪兒？」寧采臣說：「因為妳會怕，就收藏到別的房間了。」小倩就說：「我已經脫離鬼氣很久了，應該不會再怕了，還是把它取來掛在床頭吧！」寧采臣追問她原因，她才說：「這幾天，我心裡一直不安，感覺到當初在金華的那個老妖，恨我遠逃，怕早晚就要尋到這邊。」於是寧采臣果真把皮囊拿來。小倩反覆檢視皮囊，說：「這是劍仙拿來盛裝人頭用的，已經破舊如此，不知道殺了多少人了。我今天看到，還是不免戰慄呢。」於是掛在床頭。第二天，又讓人掛在門上。到了晚上，請寧采臣不要睡，點了蠟燭跟她對坐。突然，有一個怪物像飛鳥一樣飛來，小倩嚇得立刻躲在帳後。寧采臣一看，那怪物長得像是個夜叉，目光如電，吐出血紅的舌頭，眼睛閃爍發光就像要撲過來。但到了門口又很畏懼那個皮囊，繞著皮囊不敢近前。過了好一會，突然逼近用爪子把那個皮囊抓下來，就要撕裂它。皮囊突然發出聲響，鼓脹起來好像竹籠那麼大，囊中彷彿有半個身子突然伸出來，把夜叉抓進囊中，然後又變得無聲無息，皮囊又縮回原來的大小。寧采臣嚇得說不出話，小倩這才從帳後走出來，非常高興地說：「太好了，沒事了！」他們一起檢視皮囊內，只有幾斗清水。

之後幾年，寧采臣果然考中了進士，小倩也生下一個男孩。寧采臣後來又納了一個妾，小倩跟妾又都生了一個男孩。後來，孩子們也都考取功名，聲名卓著。

◈寧采臣，浙人，性慷爽，廉隅自重，每對人言生平無二色。

適赴金華，至北郭，解裝蘭若寺中，殿塔壯麗，然蓬蒿沒人，似絕行蹤。東西僧舍，雙扉虛掩，惟南一小舍，扃鍵如新。又顧殿東隅，修竹拱把，下有巨池，野藕已花，意甚樂其幽杳。會學使按臨，城舍價昂，思便留止，遂散步以待僧歸。

日暮有士人來，啟南扉，寧趨為禮，且告以意。士人曰：「此間無房主，僕亦僑居，能甘荒落，旦晚惠教，幸甚。」寧喜，藉藁代牀，支板作几，為久客計。是夜，月明高潔，清光似水，二人促膝殿廊，各展姓字。士人自言燕姓字赤霞，寧疑為赴試諸生，而聽其音聲，絕不類浙，詰之，自言秦人，語甚樸誠。既而相對詞竭，遂拱別歸寢。

寧以新居，久不成寐，聞舍北喁喁，如有家口。起伏北壁石窗下，微窺之，見短牆外一小院落，有婦可四十餘，又一媼衣黟緋，插蓬首，鮐背龍鍾，偶語月下。

婦曰：「小倩何久不來？」媼曰：「殆好至矣。」婦曰：「將無向姥姥有怨言否？」曰：「不聞，但意似蹙蹙。」婦曰：「婢子不宜好相識！」言未已，有一十七八女子來，彷彿豔絕。媼笑曰：「背地不言人，我兩個正談道，小妖婢悄來無跡響，幸不訾著短處。」又曰：「小娘子端好是畫中人，遮莫老身是男子，也被攝魂去。」女曰：「姥姥不相譽，更阿誰道好。」婦人女子又不知何言。寧意其鄰人眷口，寢不復聽，又許時，始寂無聲。

方將睡去，覺有人至寢所，急起審顧，則北院女子也，驚問之。女笑曰：「月夜不寐，願修燕好。」寧正容曰：「卿防物議，我畏人言，略一失足，廉恥道喪。」女云：「夜無知者。」寧又咄之，女逡巡，若復有詞。寧叱：「速去，不然，當呼南舍生知。」女懼，乃退至戶外。復返，以黃金一錠，置褥上，寧掇擲庭墀，曰：「非義之物，汙我囊橐。」女慚出，拾金自言曰：「此漢當是鐵石。」

詰旦，有蘭溪生攜一僕來候試，寓於東廂，至夜暴亡，足心有小孔，如錐刺者，細細有血出，俱莫知故。經宿，一僕死，症亦如之。向晚，燕生歸，寧質之，燕以為魅，寧素抗直，頗不在意。

宵分，女子復至，謂寧曰：「妾閱人多矣，未有剛腸如君者。君誠聖賢，妾不敢欺，妾名小倩，姓聶氏，十八夭殂，葬寺側，輒被妖物威脅，役賤務，覥顏向人，實非所樂。今寺中無可殺者，恐當以夜叉來。」寧駭求計，女曰：「與燕生同室，可免。」

問：「何不惑燕生？」曰：「彼奇人也，不敢近。」問：「迷人若何？」曰：「狎昵我者，隱以錐刺其足，彼即茫若迷，因攝血以供妖飲，又惑以金，非金也，乃羅剎鬼骨，留之，能截取人心肝，二者凡以投時好耳。」寧感謝，問戒備之期，答以明宵。臨別，泣曰：「妾墮元海，求岸不得。郎君義氣干雲，必能拔生救苦。倘肯囊妾朽骨，歸葬安宅，不啻再造。」寧毅然諾之，因問葬處，曰：「但記取白楊之上，有烏巢者是也。」言已出門，紛然而滅。

明日，恐燕他出，早詣邀致，辰後具酒饌，留意察燕。既約同宿，辭以性癖耽寂，寧不聽，強攜臥具來。燕不得已，移榻從之，囑曰：「僕知足下丈夫，傾風良切，要有微衷，難以遽白。幸勿翻窺篋襆，違之，兩俱不利。」寧謹受教。既而各寢，燕以箱篋置窗上，就枕移時，齁如雷吼，寧不敢寐。近一更許，窗外隱隱有人影，俄而近窗來窺，目光睒閃，寧懼。方欲呼燕，忽有物裂篋而出，耀若匹練，觸折窗上石櫺，欻然一射，即遽斂入，宛如電滅。

燕覺而起，寧偽睡以覘之，燕捧篋，檢取一物，對月嗅視，白光晶瑩，長可二寸，徑韭葉許，已而數重包固，仍置破篋中。自語曰：「何物老魅，直爾大膽，致壞篋子。」遂復臥。寧大奇之，因起問之，且以所見告，燕曰：「既相知愛，何敢深隱。我劍客也，若非石櫺，妖當立斃，雖然，亦傷。」問：「所緘何物？」曰：「劍也。適嗅之，有妖氣。」寧欲觀之，慨出相示，熒熒然一小劍也，於是益厚重燕。

明日，視窗外有血跡，遂出寺北，見荒坟纍纍，果有白楊，烏巢其顛。迨營謀既就，趣裝欲歸。燕生設祖帳，情義殷渥，以破革囊贈寧曰：「此劍袋也，寶藏可遠魑魅。」寧欲從授其術，曰：「如君信義剛直，可以為此，然君猶富貴中人，非道中人也。」寧乃託有妹葬此，發掘女骨，斂以衣衾，賃舟而歸。

寧齋臨野，因營墳，葬諸齋外，祭而祝曰：「憐卿孤魂，葬及蝸居，歌哭相聞，庶不見陵於雄鬼。一甌漿水飲，殊不清旨，幸不為嫌。」祝畢而返。後有人呼曰：「緩待同行。」回顧，則小倩也。歡喜謝曰：「君信義，十死不足以報。請從歸，拜識姑嫜，媵御無悔。」遂與俱至齋中，囑坐少待，先入白母。

母愕然，時寧妻久病，母戒勿言，恐所駭驚。言次，女已翩然入，拜伏地下，寧曰：「此小倩也。」母驚顧不遑，女謂母曰：「兒飄然一身，遠父母兄弟。蒙公子露覆，澤被髮膚，願執箕帚，以報高義。」母見其綽約可愛，始敢與言，曰：「小娘子惠顧吾兒，老身喜不可已。但生平止此兒，用承祧緒，不敢令有鬼偶。」女曰：「兒實無二心。泉下人既不見信於老母，請以兄事，依高堂，奉晨昏，如何？」母憐其誠，允之，即欲拜嫂，母辭以疾，乃止。女即入廚下，代母尸饔，入房穿戶，似熟居者。

日暮，母畏懼之，辭使歸寢，不為設牀褥。女窺知母意，即竟去。過齋欲入，卻退徘徊戶外，似有所懼，生呼之，女曰：「室有劍氣畏人。向道途之不奉見者，良以此故。」寧已悟為革囊，取懸他室，女乃入，就燭下坐。

移時，殊不一語。久之，問：「夜讀否？妾少誦《楞嚴經》，今強半遺忘，浼求一卷，夜暇，就兄正之。」寧諾，又坐，默然，二更向盡，不言去，寧促之，愀然曰：「異域孤魂，殊怯荒墓。」寧曰：「齋中別無牀寢，且兄弟亦宜遠嫌。」女起，容顰蹙而欲啼，足儴而懶步，從容出門，涉階而沒。寧竊憐之，欲留宿別榻，又懼母嗔。女朝旦朝母，捧匜沃盥，下堂操作，無不曲承母志。黃昏告退，輒過齋頭，就燭誦經，覺寧將寢，始慘然去。

先是，寧妻病廢，母劬不可堪，自得女，逸甚，心德之，日漸稔，親愛如己出，竟忘其為鬼，不忍晚令去，留與同臥起。女初來未嘗食飲，半年漸啜稀飩，母子皆溺愛之，諱言其鬼，人亦不之辨也。

無何，寧妻亡，母陰有納女意，然恐於子不利。女微窺之，乘間告母曰：「居年餘，當知兒肝鬲，為不欲禍行人，故從郎君來，區區無他意，止以公子光明磊落，為天人所欽矚，實欲依贊三數年，借博封誥，以光泉壤。」母亦知其無惡，但懼不能延宗嗣。女曰：「子女惟天所授，郎君註福籍，有亢宗子三，不以鬼妻而遂奪也。」母信之，與子議，寧喜，因列筵告戚黨。或請覿新婦，女慨然華妝出，一堂盡眙，反不疑其鬼，疑為仙。由是五黨諸內眷，咸執贄以賀，爭拜識之。女善畫蘭梅，輒以尺幅酬答，得者藏什襲以為榮。

一日，俛頸窗前，怊悵若失，忽問：「革囊何在？」曰：「以卿畏之，故緘置他所。」曰：「妾受生氣已久，當不復畏，宜取挂牀頭。」寧詰其意，曰：「三日來，心怔忡無停息，意金華妖物，恨妾遠遁，恐旦晚尋及也。」寧果攜革囊來，女反復審視，曰：「此劍仙將盛人者也。敝敗至此，不知殺人幾何許？妾今日視之，肌猶粟慄。」乃懸之。次日，又令移懸戶上，夜對燈坐，約寧勿寢。欻有一物，如飛鳥墮，女驚匿夾幕間，寧視之，物如夜叉狀，電目血舌，睒閃攫拏而前至門，卻步逡巡，久之，漸近革囊，以爪摘取，似將爪裂。囊忽格然一響，恍惚有鬼物，突出半身，揪夜叉入，聲遂寂然，囊亦頓縮如故。寧駭詫，女亦出，大喜曰：「無恙矣！」共視囊中，清水數斗而已。

後數年，寧果登進士，舉一男。納妾後，又各生一男，皆仕進，有聲。

關於《聊齋志異》

作者為蒲松齡（1640~1715），清代著名的文言小說集，堪稱文言小說的顛峰之作。全書共有將近五百篇故事，內容大多是鬼魅妖狐的幻想故事，主題大致有對愛情的歌頌、對官場的抨擊，對司法等社會黑暗面的揭露，以及對世情的諷喻。對後世的小說、戲劇、電影等創作有深遠的影響。

巧娘

出自：《聊齋志異》

廣東地區有一個姓傅的士紳，到六十多歲才生了一個兒子，取名叫做傅廉。傅廉從小就很聰明，可是有先天的缺陷，生殖器發育不全，他長到十七歲了，陽具才像蠶寶寶一樣大。遠近鄉里的人都知道這件事，所以沒有人家願意把女兒嫁給他。傅公認為自家的後嗣將要斷絕，因此日夜擔憂，卻也沒有其他辦法。

傅廉跟著家裡請的私塾老師讀書，有一天老師偶然有事出門，恰巧街上來了一個耍猴的人，傅廉忍不住跑出去看，耽誤了當天的功課，眼看老師快回來了，他怕受到處罰，就離家出走。傅廉離家幾里之後，看見前方有一個穿白衣的女子，帶著一個丫鬟。女子偶然回頭，傅廉只覺得她美麗動人，女子的步伐很小，傅廉沒多久就追上了，從兩人旁邊經過。女子轉頭對丫鬟說：「問一下那個人是不是要往瓊州去？」於是丫鬟喊住傅廉，問他要去哪裡。傅廉反問她們有什麼事。女子說：「你如果要去瓊州，我這裡有一封信，想麻煩你順路送到我家去。我母親在家，還可以做東招待你一下。」傅廉離家以後本來就沒有特別要去哪裡，心想坐船出海也不錯，就答應了女子的請託。女子把信交給丫鬟，丫鬟又交給傅生。傅廉問清楚她的姓名和住處，女子回答：「姓華，住在秦女村，距離縣城北方大約三、四里路。」

傅廉到了海邊，坐船就前往瓊州，到了城北的時候，太陽已經下山了。他打聽秦女村，卻沒人知道，於是向北走了四、五里路，天空繁星點點，月亮高掛天邊，眼前一片荒草，連半個人都沒有，更沒有旅店客棧，他心裡有些害怕，卻是進退兩難。他走著走著，忽然看見路旁有座墳墓，本想暫時靠著墳墓休息，又怕有虎狼出沒，於是爬到墓旁的一棵樹上蹲坐。他在樹上聽著風聲呼呼地吹，夜蟲哀鳴，心裡更是忐忑不安，覺得懊悔萬分。

這時他忽然聽到樹下有人的聲音，低頭一看，居然看到下面出現一座庭院，有個美麗的女子坐在一塊大石頭上，兩個丫鬟提著燈籠在兩邊侍候。女子看著左邊說：「今晚月明星稀，可以泡一杯華姑送的團茶來賞月。」傅廉猜想這些人一定是鬼，嚇得毛髮都豎了起來，不敢喘氣。一個丫鬟偶然抬頭看到傅廉，大叫：「樹上有人！」女子大驚，起身說：「哪裡來的大膽小賊，竟然敢來偷看！」傅廉十分害怕，又沒地躲藏，只好從樹上下來，跪地求饒。那女子走近審視後，由怒轉喜，伸手拉著傅廉坐到自己身邊。傅廉斜眼偷看了一下，那女子大約十七、八歲，外貌身材十分嬌豔，口音聽起來不像當地居民。女子問傅廉：「你為什麼會來這裡？」傅廉說：「我是來替人送信的。」女子又說：「野地裡經常有強盜出沒，露宿在這裡不安全。如果不嫌我家簡陋，可以暫時到我家住。」便邀請傅廉進屋。

兩人進到房間，裡頭只有一張床，女子命丫鬟鋪兩條被子在上面。傅廉覺得自卑，表示自己在地上睡就好，女子笑著說：「貴客光臨，我怎麼好意思一個人高臥床上？」傅廉不得已，只好上床跟她一起睡，但惶恐不安，一動也不敢動。過沒多久，女子伸過手來摸他，並輕捏他的大腿，傅廉假裝熟睡，裝作沒有感覺；又過一會，女子鑽進他的被窩，用手搖他，傅廉仍然裝睡不動，女子便伸手摸他的下體，摸到以後，手馬上就停住了，覺得大失所望，悄悄爬出傅廉的被窩。不久，傅廉隱約聽到哭泣的聲音，覺得又害怕、又羞愧，感到無地自容，只能怨恨老天爺為什麼給他有缺陷的身體。女子起身呼喚丫鬟點燈，丫鬟看到主人臉上的淚痕，驚問發生什麼事。女子搖搖頭說：「只能怪我自己命不好！」丫鬟站在床邊，看著主人等待吩咐。女子說：「把他叫醒，放他走吧！」傅廉聽了更加慚愧，更擔憂這三更半夜，自己該何去何從。

他正思索時，一個婦人推開房門走了進來。丫鬟通報說：「華姑來了！」傅廉偷看一眼，見這婦人大約五十歲左右的年紀，依然風韻猶存。婦人見女子還沒睡，便問原因，女子沒有回答。她看見床上躺著一個人，又問：「同床的是什麼人？」丫鬟替主人回答：「晚上有一個年輕人借宿在這裡。」婦人笑著說：「不知道原來是巧娘的洞房花燭之夜。」又看到女子臉上的淚痕未乾，驚訝地問：「新婚之夜，不應該悲傷哭泣，難道是新郎太過粗暴？」女子仍不回答，而且更加傷心。婦人掀開被子拉著傅廉的衣服想看個究竟，結果衣服一拉開，一封信掉了出來，她拿起來看，驚呼：「這是我女兒的筆跡。」馬上拆信來看，邊讀邊嘆氣。女子問婦人怎麼了，她說：「這是三女兒寫的家書。信中說吳郎已經死了，她一個人無依無靠，不知道該怎麼辦。」女子說：「這個人曾說要替人送信，幸好還沒把他趕走。」

婦人把傅廉叫醒，詢問信是怎麼得來的，傅廉便把經過說了一遍。婦人說：「你大老遠地送信來給我，我該怎麼報答你呢？」接著盯著傅廉看，笑著問他是怎麼讓巧娘不開心，傅廉只能膽怯地說他也不知道。於是婦人又轉頭問巧娘，巧娘幽幽地嘆了一口氣，說：「可憐我活著的時候嫁了一個不能人道的太監，死後居然又遇到這種有缺陷的人，所以愈想愈傷心。」婦人看了看傅廉說：「這麼聰明又漂亮的孩子，竟然不能人道嗎？他是我的客人，不能一直在這裡打擾妳。」於是帶著傅廉到東邊的廂房，伸手到傅廉褲子那兒檢查，笑著說：「難怪巧娘要哭泣，幸好還有根蒂，還是有辦法治。」接著婦人就點起燈，開始翻箱倒櫃，找到一粒黑色藥丸，叫傅廉吞下去，並小聲叮嚀他不要亂動，然後關門離開了。傅廉獨自一個人躺在房裡發呆，心想這藥丸不知道是治什麼病的。快到五更天時，他迷迷糊糊醒來，覺得肚臍下方有一股熱氣直沖陰部，好像有東西垂在胯下。他伸手一摸，發現自己的生殖器脹大，成了真正的男子漢。他心中又驚又喜，興奮地有如被封了王侯。

早上太陽剛從窗戶照進來的時候，婦人就進了房間，帶來燒餅給傅廉給吃，叮囑他要耐心坐著，接著又把門反鎖離開了，出來時對巧娘說：「傅郎送信有功，要把三娘找回來跟他結拜。暫且先關在房間裡，免得讓人煩惱。」說完就出門了。

傅廉被關在房間裡，只能來回走來走去，覺得無聊，不時從門縫往外看，像被關在籠子裡的鳥。偶然看見巧娘在院子裡，想跟她分享自己身體的變化，又覺得慚愧，開不了口。一直等到晚上，婦人才帶了女兒回來，打開房門就說：「快悶死你了吧？三娘趕快來跟傅郎道謝。」三娘猶豫了一下，才走過來向傅廉行禮。婦人叫傅廉與三娘互稱兄妹，巧娘在旁邊笑著說：「要叫姊妹也可以。」說完就準備酒菜，眾人一起坐著喝酒。幾杯酒下肚之後，巧娘就戲弄傅廉說：「天生有缺陷的人，看到美女也會心動嗎？」傅生說：「瘸子也會想要穿鞋，瞎子也會想看東西。」大家都一起笑了起來。

巧娘因為三娘一路舟車勞頓，命人另外準備房間，讓三娘早點休息。婦人看著三娘說：「讓他們兄妹睡同一個房間就可以！」三娘害羞拒絕。婦人又說：「他看起來雖然是個男子，其實和女孩無異，有什麼好怕的？」於是催促他們早點休息，離開前偷偷跟傅廉說：「你可以表面上當我的乾兒子，實際上當我的女婿。」傅廉很高興，連忙拉著三娘上床，這一夜他才第一次和女孩子親熱，覺得無比快活。之後他在枕邊問三娘：「巧娘是什麼人？」三娘說：「她是個鬼。她的外貌、才華沒人能比，但偏偏命運不好，嫁了一個姓毛的人，結果生病無法行房，十八歲還無法過真正的夫妻生活，所以巧娘心中鬱悶，懷著遺恨就病死了。」傅廉很吃驚，怕三娘也是鬼，三娘說：「老實跟你說，我不是鬼，是狐。因為巧娘獨居沒人作伴，我與母親又沒有家，就借住在這裡。」傅廉很害怕，三娘又說：「你不用怕，我們雖然是鬼狐，但從來不會害人。」從此，兩人天天膩在一起。傅廉雖然知道巧娘不是人，但心中愛慕她的清秀美麗，只恨沒有機會向她表明自己的變化。傅廉風雅溫柔，而且詼諧健談，也很得巧娘喜歡。

有一天，華氏母女有事出門，臨走前又把傅廉鎖在房裡。傅廉悶得發慌，隔著窗戶呼喚巧娘，巧娘命丫鬟拿鑰匙來開鎖，試了好幾把鑰匙，才順利把門打開。傅廉小聲跟巧娘說，想要跟她獨處，巧娘就把丫鬟支開了。傅生牽著巧娘到床上擁抱，巧娘用手往他的肚臍下伸，開玩笑地說：「可惜這裡少了點東西。」話還沒說完，手上竟握滿一物，驚訝地問：「為什麼這東西上次小小的，現在突然變得這麼大？」傅廉笑著說：「上次它覺得害羞，所以看到妳就縮了進去；這次因被說得很難聽，所以就像怒蛙一樣鼓起來了。」兩人於是親熱歡好。過了一會，巧娘生氣地說：「我現在才知道華姑為什麼整日鎖著你！之前她們母女倆到處流浪，沒地方可以容身，是我借房子給她們住；三娘向我學刺繡，我毫無保留地教她，誰知她們對我居然這麼猜忌提防！」傅廉安慰巧娘，想要動之以情，但巧娘始終耿耿於懷。傅廉說：「這件事千萬不能說出去，華姑叫我不能讓別人知道。」話還沒有說完，華姑就推門而入。兩人慌忙起身穿衣，華姑瞪大眼睛問：「是誰把門打開的？」巧娘笑著承認說是自己開的，華姑更加生氣，不停地嘮叨。巧娘故意反問說：「您也太可笑了！不是說他表面上是男子，實際上是女孩嗎？是能幹什麼呢？」三娘見母親與巧娘互相鬥嘴，覺得不安，從中調解，兩人才各自轉怒為喜。巧娘雖然話說得氣憤，對待三娘還是好聲好氣，但華姑在一旁日夜防範，巧娘與傅廉沒機會接近，只能相互眉目傳情。

有一天，華姑對傅廉說：「我女兒與巧娘這兩姊妹倆都是你的人了，一直住在這裡也不是辦法，你應該回家跟你父母親稟告，儘早訂結婚約。」於是幫傅廉整理行裝，催促他上路出發。二女送他離開，依依不捨，巧娘更是傷心欲絕，眼淚如同串珠斷線，不停滾落。華姑硬是把他們三人分開，拉著傅廉出門。傅廉出門後回頭一看，房子全都不見了，只有一座荒涼的墳墓。華姑送他上船，說：「你走了之後，我會帶兩個女兒搬去你的家鄉租房居住。若是不忘這幾天的情分，我們會在李氏的廢園裡等你來迎親。」於是傅廉就回家了。

當日傅廉離家出走後，傅家派人到處尋找，父母萬分焦急，忽然看到兒子平安回來，全家人都喜出望外。傅廉把這些日子的奇異經歷大略說了一遍，並提出與華氏約訂的婚約。父親說：「妖物說的話怎麼能相信？你能夠活著回來，想必是因為身體有缺陷，不然早就死在外面了！」傅廉說：「她們雖然不是人，但和人一樣有感情，而且聰明漂亮，娶進門來不會被親友笑話。」父親不再說什麼，只是嗤之以鼻，傅廉只好回自己房間。傅廉此後每當性慾高漲，便不安本分，私下找了丫鬟，甚至連大白天都盡情淫亂，故意要讓父母知道。

有一天，果然被一個小丫鬟看見了，連忙稟告夫人。夫人不信，親自到門外偷看，才覺得驚訝，於是找了與傅廉有私的丫鬟來問，才知道兒子已經恢復雄風，心裡非常開心，逢人就宣傳此事，讓人知道兒子的病好了，並在世家大族中尋找兒子的結婚對象。傅廉私下告訴母親，如果不是華家姊妹，他就不娶。母親說：「世上有那麼多的美女，為什麼非要娶鬼為妻呢？」傅廉說：「如果不是華姑，我現在還無法行人道，人家對我有恩，我卻背棄人家是不好的。」後來父親終於同意了，派了一個男僕和一個僕婦前去打聽，出城東四、五里，尋找李氏廢園，果然在一片破牆竹樹中，看到有縷縷炊煙。僕婦一進大門，見華氏母女正擦拭桌椅，好像已經等他們很久了。僕婦上前表明主人的意思，當她看到三娘，忍不住驚嘆說：「這就是我家的少夫人嗎？我見了都喜歡，難怪我家公子整天魂牽夢縈，日夜思念。」又問姊姊在哪裡，華姑感嘆說：「那是我的乾女兒，三天前突然去世了。」隨即準備酒菜招待他們。

僕婦回來後，詳細向主人回報，並敘述三娘的相貌言談，傅氏夫婦都很高興，後面說到巧娘去世了，傅廉覺得傷心得難過，眼淚快掉下來。到了迎親當天，傅廉親自問華姑，華姑說：「巧娘已經投胎到北方了。」傅廉聽了，還是忍不住悲傷哭泣。

傅廉雖然娶了三娘為妻，但對巧娘仍念念不忘，凡是聽到有人從瓊州過來的，都把他們找來打聽消息。有人說：「秦女村的墓地夜間常聽到哭聲。」傅廉覺得奇怪，把這件事告訴三娘。三娘沉吟了很久，哭著說：「是我對不起巧娘姊姊。」傅廉再三追問，三娘才說：「我與母親來的時候，其實沒有告訴巧娘。現在悲傷啼哭的，可能就是巧娘姊姊。我本來就一直想告訴你，又怕這樣是在說母親的壞話。」傅廉聽完以後，先是傷心，又轉為歡喜，馬上叫人備車，日夜趕路去找巧娘。到了巧娘的墳墓，傅廉敲著墓說：「巧娘！巧娘！我在這裡！」沒多久，巧娘抱著嬰兒從墓穴中出來，一看見到傅廉，就傷心哀泣，不停埋怨，傅廉也跟著哭了起來。他又問懷裡的孩子是誰的，巧娘說：「是你留下的小孽種，才剛生下來三天。」傅廉感嘆地說：「是我不該聽信華姑的話，讓你們母子埋在地下擔憂受苦，都是我的罪過。」於是一起乘車、搭船回家。

傅廉與巧娘抱著孩子見父母，母親看到孫子身體強健，一點也不像鬼的樣子，心裡更加歡喜。巧娘、三娘姊妹相處和諧，孝敬公婆。後來傅廉的父親生病，請大夫來醫治。巧娘傷心地說：「病恐怕已經無法治癒，公公的魂魄已經離開軀體了。」督促家人準備後事，果然東西備妥後，傅廉的父親就去世了。

傅廉的兒子長大後，長得跟父親很像，而且更加聰明，十四歲就中了秀才。朋友高珩（號紫霞道人）作客廣東時曾聽說過這件事，只是確切的地名遺忘了，後來也不知道結果如何。

◈廣東有縉紳傅氏，年六十餘，生一子，名廉，甚慧，而天閹。十七歲，陰裁如蠶。遐邇聞知，無妻以女。自分宗緒已絕，晝夜憂怛，而無如何。

廉從師讀，師偶他出，適門外有猴戲者，廉觀之，廢學焉，度師將至而懼，遂亡去。離家數里，見一白衣女郎，偕小婢出其前，女一回首，妖麗無比，蓮步蹇緩，廉趨過之。女回顧婢曰：「試問郎君，得毋欲如瓊否？」婢果呼問，廉詰其何為，女曰：「倘之瓊也，有尺一書，煩便道寄里門。老母在家，亦可為東道主。」廉出本無定向，念浮海亦得，因諾之。女出書付婢，婢轉付生，問其姓名居里，云：「華姓，居秦女村，去北郭三四里。」

生附舟便去，至瓊州北郭，日已曛暮，問秦女村，迄無知者，望北行四五里，星月已燦，芳草迷目，曠無逆旅，窘甚。見道側一墓，思欲傍墳棲止，懼虎狼，因攀樹猱升，蹲踞其上。聽松聲謖謖，宵蟲哀奏，中心忐忑，悔念如燒。

忽聞人聲在下，俯瞰之，庭院宛然，一麗人坐石上，雙鬟挑畫燭，分侍左右。麗人左顧曰：「今夜月白星疏，華姑所贈團茶，可烹一盞，賞此良夜。」生意其鬼魅，毛髮森豎，不敢少息。忽婢子仰視曰：「樹上有人。」女驚起，曰：「何處大膽兒，暗來窺人！」生大懼，無所逃隱，遂盤旋下，伏地乞宥。女近臨一諦，反恚為喜，曳與並坐。

睨之，年可十七八，姿態豔絕，聽其言亦非土音。問：「郎何之？」答云：「為人作寄書郵。」女曰：「野多暴客，露宿可虞。不嫌蓬蓽，願就稅駕。」邀生入室，惟一榻，命婢展兩被其上，生自慚形穢，願在下牀。女笑云：「佳客相逢，女元龍何敢高臥？」生不得已，遂與共榻，而惶恐不敢自舒。未幾，女暗中以纖手探入，輕捻脛股，生偽寐，若不覺知。又未幾，啟衾入，搖生，迄不動，女便下探隱處，乃停手悵然，悄悄出衾去。俄隱聞哭聲，生惶愧，無以自容，恨天公之缺陷而已。女呼婢篝燈，婢見啼痕，驚問所苦，女搖首曰：「我自歎吾命耳。」婢立榻前，耽望顏色。女曰：「可喚郎醒，遣放去。」生聞之，倍益慚怍，且懼宵半，茫茫無所復之。籌念間，一婦人排闥入，婢曰華姑來，微窺之，年約五十餘，猶風格。見女未睡，便致詰問，女未答。又視榻上有臥者，遂問共榻何人，婢代答夜一少年郎寄此宿。婦笑曰：「不知巧娘諧花燭。」見女涕淚未乾，驚曰：「合巹之夕，悲涕不倫，將勿郎君粗暴也？」女不言，益悲。婦欲捋衣視生，一振衣，書落榻上，婦取視，駭曰：「我女筆意也。」拆讀歎咤。女問之，婦云：「是三兒家報，言吳郎已死，煢無所依，且為奈何？」女曰：「彼固云為人寄書，幸不遣之去。」

婦呼生起，究詢書所自來，生備述之。婦曰：「遠煩寄書，當何以報？」又熟視生，笑問何迕巧娘，生言不自知罪。又詰女，女歎曰：「自憐生適閹寺，沒奔椓人，是以悲耳。」婦顧生曰：「慧黠兒固雄而雌者耶？是我之客，不可久溷他人。」遂導生於東廂，探手於袴而驗之，笑曰：「無怪巧娘零涕，然幸有根蒂，猶可為力。」挑燈遍翻箱簏，得黑丸，授生，令即吞下，祕囑勿吪，乃出。生獨臥籌思，不知藥醫何症。比五更初醒，覺臍下熱氣一縷，直沖隱處，蠕蠕然似有物垂股際。自探之，身已偉男。心驚喜，如乍膺九錫。

櫺色才分，婦即入，以炊餅納生室，叮囑耐坐，反關其戶。出語巧娘曰：「郎有寄書勞，將留召三娘來，與訂姊妹交。且復閉置，免人厭惱。」乃出門去。

生迴旋無聊，時近門隙，如鳥窺籠，望見巧娘，輒欲招呼自呈，慚訥而止。延至夜分，婦始攜女歸，發扉曰：「悶煞郎君矣！三娘可來拜謝。」途中人逡巡入，向生斂衽。婦命相呼以兄妹，巧娘笑云：「姊妹亦可。」並出堂中，團坐置飲，飲次，巧娘戲問：「寺人亦動心佳麗否？」生曰：「跛者不忘履，盲者不忘視。」相與粲然。

巧娘以三娘勞頓，迫令安置。婦顧三娘，俾與生俱，三娘羞暈不行。婦曰：「此丈夫而巾幗者，何畏之？」敦促偕去，私囑生曰：「陰為吾婿，陽為吾子可也。」生喜，捉臂登牀，發硎新試，其快可知。既於枕上問女：「巧娘何人？」曰：「鬼也。才色無四，而時命蹇落。適毛家小郎子，病閹，十八歲而不能人，因邑邑不暢，齎恨入冥。」生驚，疑三娘亦鬼，女曰：「實告君，妾非鬼，狐耳。巧娘獨居無偶，我母子無家，借廬棲止。」生大愕，女云：「勿懼，雖故鬼狐，非相禍者。」由此日共談讌。雖知巧娘非人，而心愛其娟好，獨恨自獻無隙。生蘊藉，善詼噱，頗得巧娘憐。

一日，華氏母子將他往，復閉生室中。生悶氣，遶屋隔扉呼巧娘，巧娘命婢歷試數鑰，乃得啟。生附耳請間，巧娘遣婢去。生挽就寢榻，偎向之。女戲捫臍下，曰：「惜可兒此處闕然。」語未竟，觸手盈握，驚曰：「何前之渺渺，而遽纍然！」生笑曰：「前羞見客，故縮；今以誚謗難堪，聊作蛙怒耳。」遂相綢繆。已而恚曰：「今乃知閉戶有因。昔母子流蕩無所，假廬居之；三娘從學刺繡，妾曾不少秘惜，乃妒忌如此。」生勸慰之，且以情告，巧娘終銜之。生曰：「密之，華姑囑我嚴。」語未及已，華姑掩入，二人遑遽方起。華姑瞋目，問：「誰啟扉？」巧娘笑逆自承，華姑益怒，聒絮不已。巧娘故哂曰：「阿姥亦大笑人，是丈夫而巾幗者，何能為？」三娘見母與巧娘苦相抵，意不自安，以一身調停兩間，始各拗怒為喜。巧娘言雖憤烈，然自是屈意事三娘，但華姑晝夜防閑，兩情不得自展，眉目含情而已。

一日，華姑謂生曰：「吾兒姊妹皆已奉事君，念居此非計，君宜歸告父母，早訂永約。」即治裝促生行。二女相向，容顏悲惻，而巧娘尤不可堪，淚滾滾如斷貫珠，殊無已時。華姑排止之，便曳生出，至門外，則院宇無存，但見荒冢。華姑送至舟上，曰：「君行後，老身攜兩兒僦屋於貴邑。倘不忘夙好，李氏廢園中，可待親迎。」生乃歸。

時傅翁覓子不得，正切焦慮，見子歸，喜出非望。生略述崖末，兼致華氏之約。父曰：「妖言何足聽信？汝尚能生還者，徒以閹廢故，不然死矣！」生曰：「彼雖異物，情亦猶人，況又慧麗，娶之，亦不為戚黨笑。」父不言，但嗤之，生乃退。而技癢，不安其分，輒私婢，漸至白晝宣淫，意欲炫聞翁媼。

一日，為小婢所窺，奔告母。母不信，薄覷之，始駭，呼婢研究，盡得其狀，喜極，逢人宣暴，以示子不閹，將論婚於世族。生私白母非華氏不娶。母曰：「世不乏美婦人，何必鬼物？」生曰：「兒非華姑，無以知人道，背之不祥。」傅翁從之，遣一僕一媼往覘之，出東郭四五里，尋李氏園，見敗垣竹樹中，縷縷有炊煙。媼下乘，直造其闥，則母子拭几濯溉，似有伺。媼拜致主命。見三娘，驚曰：「此即吾家小主婦耶？我見猶憐，何怪公子魂思而夢繞之。」便問阿姊，華姑歎曰：「是我假女，三日前，忽殂謝去。」因以酒食餉媼及僕。

媼歸，備道三娘容止，父母皆喜。末陳巧娘死耗，生惻然欲涕。親迎之夜，見華姑親問之，笑云：「已投生北地矣。」生欷歔久之。

迎三娘歸，而終不能忘情巧娘，凡有自瓊來者，必召見問之。或言秦女墓夜聞鬼哭，生詫其異，入告三娘。三娘沉吟良久，泣下曰：「妾負姊矣！」詰之，答云：「妾母子來時，實未嘗使聞。茲之怨啼，將無為是。向欲相告，恐彰母過。」生聞之，悲已而喜，即命輿宵晝兼程，馳詣其墓，叩墓木而呼曰：「巧娘，巧娘！某在斯。」俄見巧娘繃嬰兒自穴中出，舉首酸嘶，怨望無已，生亦涕下。探懷問誰氏子，巧娘曰：「是君之遺孽也，誕三日矣。」生歎曰：「誤聽華姑言，使母子埋憂地下，罪將安辭？」乃與同輿，航海而歸。

抱子告母，母視之，體貌豐偉，不類鬼物，益喜。二女諧和，事姑孝。後傳翁病，延醫來，巧娘曰：「疾不可為，魂已離舍。」督治冥具，既竣而卒。

兒長，絕肖父，尤慧，十四入泮。高郵翁紫霞，客於廣而聞之，地名遺脫，亦未知所終。

魯公女

出自：《聊齋志異》

招遠縣有一個人叫做張於旦，個性豪放，不受拘束，寄居在一座寺廟裡讀書。當時招遠縣的縣令魯公，是三韓人氏，有一個喜歡打獵的女兒。有一次，張於旦在野外偶然遇到魯公的女兒，看到她的風度儀態極為秀麗，身上穿著華麗的皮衣，騎著一匹小黑馬，行動輕巧地像畫裡的人物。回到廟裡以後，張於旦常常想起這女子的美貌，始終無法忘懷；後來，聽說這女子忽然過世了，張於旦非常傷心，經常悲嘆。魯公因為老家距離遙遠，就把女兒的靈柩暫時寄放在張於旦讀書的寺廟裡。

張於旦非常仰慕魯公之女，把她當做神明一樣來祭拜，每天早上都會到她靈前燒香，吃飯時也都會先祭奠，總是舉著酒杯祝禱說：「我才見了妳半邊臉，就對妳魂牽夢縈，沒想到像玉一樣的美人竟然香消玉殞了。現在你的身體雖近在咫尺，但魂魄卻遠如萬里山河，真是讓人太遺憾了。活著的時候要受禮法約束，死了以後應該沒有什麼禁忌，妳在九泉之下如果有靈的話，應該姍姍飄來，安慰我傾慕的心。」張於旦日夜禱告，將近有半個月。

有一天晚上，張於旦正在燈下讀書，偶然抬起頭時，看見魯公的女兒面帶笑容站在燈下，他驚訝地站起來詢問，女子說：「感念你對我的一片真情，使我無法克制自己，所以不管私奔的嫌疑來與你相會。」張於旦非常高興，二人於是共度良宵。此後，女子沒有一晚不來。她對張於旦說：「我生前喜愛騎馬射箭，以射殺獐鹿為樂事，犯下深重的罪孽，死了以後無處可依歸。如果你是真心愛我，麻煩你替我念誦《金剛經》五千零四十八遍，我生生世世都不會忘記你的恩情。」張於旦恭敬地答應她的請託，每天夜裡到女子的靈柩前，捻著佛珠誦經。

有一次，偶然遇到節日，張於旦想帶她一起回家過節，女子擔心自己腿力不足，無法長途跋涉。張於旦說要抱著、背著她走，女子笑著答應了。張於旦抱著她時，好像抱著小孩一樣，一點不覺得重，也不覺得累，從此之後，就習以為常。張於旦要去考試時，也背她一起去，只是必須在夜間行走。有一年，張於旦要去參加科舉考試，女子說：「你的福氣薄，去考試也只是白跑一趟。」張於旦就真的聽她的話，沒去參加考試。又過了四五年，魯公被罷免官職，但沒有錢雇車把女兒的棺材運走，打算就地埋葬，但苦於沒有墳地。張於旦知道後，就對魯公說：「我有塊土地在廟旁邊，可以埋葬你的女兒。」魯公很高興，張於旦又出力張羅，幫助處理下葬的事。魯公非常感激他，但不知道他為什麼願意幫忙。

魯公罷官回鄉後，張於旦與魯公女仍然像平日一樣恩愛歡好。一天夜裡，魯公女依偎在張於旦的懷裡，眼淚如同豆子般掉落，對他說：「我們共度五年的美好時光，如今要分別了！你對我的種種恩惠和情誼，我幾輩子都不足以報答。」張於旦驚訝地問她怎麼了，她說：「承蒙你為我每日念經，如今已經功德圓滿了，所以我即將投胎到河北的盧戶部家。如果你沒有忘記我們今天的感情，十五年後的八月十六日，請你去盧戶部家與我相會。」張於旦也傷心地哭著說：「我已經三十多歲了，再過十五年，恐怕就快進棺材了，那時候再相會又能怎樣呢？」女子說：「我願意當奴婢來報答你。」過了一會兒，她又說：「你可送我六、七里路嗎？這路上有很多荊棘，我的衣衫太長，難以通行。」說完以後，抱著張於旦的脖子，張於旦便送她到大馬路上。到了大馬路上，看到路旁有一大隊車馬，有獨自一個人騎馬的，也兩個人騎一匹馬的，車上有坐了三個人、四個人，甚至坐十幾個人的不一定。唯獨有一輛鑲有金花圖案、掛著朱紅色繡簾的車子，只有一個老婆婆坐在上面。老婆婆看到魯公的女兒來了，呼喊著：「來了？」女子回答：「來了。」她回過頭對張於旦說：「就送到這裡，你先回去吧！不要忘記我剛剛說的話。」張於旦答應了。

女子就走到馬車前，老婆婆伸手拉她上車，接著車輪緩緩轉動，大隊車馬喧鬧地向遠方離去。

張於旦惆悵地回到寺廟，把十五年後相會的日期記在牆上，想到念經居然有這樣大的效用，於是更加虔誠地念經，晚上夢見一個神仙告訴他：「你志向很好，值得嘉獎，但還必須到南海去。」他問神仙：「南海有多遠？」神仙說：「就在你心裡的方寸之地。」他醒了之後，領悟神仙所指點的意思，就誠心地念起菩提經，更加倍努力修行。

三年後，張於旦的次子張明、長子張政參加科舉考試相繼高中。張於旦一下子因為兒子而顯貴起來，可他仍然堅持行善，從不間斷。有一天，他夢見一個青衣人來相邀，到了一座宮殿，宮殿裡坐著一位神仙，看起來像是菩薩，迎接他說：「你的善行可嘉，可惜無法長壽，幸好我已請示了天帝，為你延長壽命。」張於旦跪下叩頭，菩薩叫他起身，賜他座位，請他喝茶，茶的香氣猶如芝蘭。又叫童子帶著他到一個水池泡澡。池水相常清澈，水裡的魚都看得一清二楚。他進入池子後，覺得池水很溫暖，捧在手中有淡淡的荷葉香氣。過了一會兒，他緩緩移動到了池子中央，不小心失足陷入水底，池水淹沒頭頂，這時他就驚醒了，對這個夢境感到非常驚異。從這天起，張於旦的身體愈來愈健壯，眼更加明亮，自己稍微摸了一下鬍子，白鬍子就自動脫落了；又過一陣子，連黑鬍子也掉了，臉上也漸漸沒有皺紋。幾個月以後，他連外貌都像小孩子，跟十五、六歲一樣；還喜歡到處遊玩嬉戲，像個孩子似的，也不注意衣服穿著、禮儀小節，偶爾出事，兩個兒子就替他善後補救。

不久，他的元配妻子年老病逝了，兒子們要幫他娶一個大戶人家的女兒當做繼室。他說：「等我去一趟河北回來再討論續絃的事。」他屈指算了一下時間，已經快到了與魯公之女約定相會的日期了，便命僕人準備車馬，前往河北，一打聽之下，果然有個盧戶部。

盧戶部有一個女兒，一出生就會說話，長大以後更是聰明漂亮，父母非常疼愛她。不少富貴人家來求婚，女兒卻都不願意，父母覺得奇怪，問她原因，女兒詳細地敘述前生與張於旦的盟約。大家算了一下時間，大笑著說：「傻孩子！張生算起來現在已經年過半百了，歷經人事變遷，只怕他的屍骨早就腐爛了；就算他還活著，也老到牙齒都掉光了。」女兒不聽，還是堅持要等。母親見她意志堅定，毫不動搖，與盧公商議，告誡看門的不要通報有客人來，等過了約期，她就會絕望了。果然不久，張於旦就到盧家拜訪，但被看門的人擋在門外，不幫給他通報。張於旦只好先回到旅店，內心怨恨卻又沒有辦法，就到郊外散心，並持續打聽盧戶部女兒的消息。

盧公的女兒以為張於旦負約，整天哭泣不肯吃東西。母親對她說：「他這麼久不來，一定是去世了；就算還活著，是他違背了約定，不是妳的錯。」盧女不說話，終日躺在床上。盧公很擔心，也想看一看張於旦是個什麼樣的人，於是藉口出外郊遊，到郊外找他。盧公看到張於旦外表是個年輕人，覺得十分驚訝，跟他交談了幾句話，覺得他豪爽瀟灑，心裡很喜歡，便邀他回家。到盧府後，張於旦剛想問話，盧公忽然起身叫他稍等一下，自己匆匆進房告訴女兒這件事，女兒很高興，硬撐著起床，誰知道到門外一看，覺得這個人長得跟張於旦不一樣，就哭著回房間了，埋怨父親隨便找了一個人騙她。盧公賣力解釋這個人就是張於旦，但女兒只是哭泣不說話。盧公出來，情緒懊惱，也懷疑這個人不是真的張於旦，對他也就不怎麼熱情接待了。張於旦問：「貴府有人在戶部任職嗎？」盧公敷衍地回應了一聲，眼睛看向別的地方，似乎不在意客人。張於旦覺得他怠慢自己，就告辭離開了。

盧公的女兒哭了幾天後就過世了，張於旦晚上夢到魯公女來找他，說：「來找我的真的是你嗎？你的年紀和相貌差太多了，我見了你的面竟然認不出來。現在我已憂鬱而死，請你趕快到土地祠招回我的魂魄，這樣我還能復活，再晚就來不及了。」張於旦醒來，急忙到盧府敲門，果然盧公的女兒已經死了兩天了。張於旦悲傷欲絕，進屋弔唁，結束後把夢中的事告訴盧公。盧公聽他的話，急忙去土地祠招女兒的魂魄回家；到家後，掀開女兒的被子，撫摸著女兒的屍體，一邊呼喚女兒的名字，一邊禱告。不久，便聽到女兒的喉嚨傳來了咯咯的聲響，突然見她朱唇微微張開，吐出一口像冰塊似的痰，漸漸發出呻吟。盧公非常高興，請張於旦到客廳就坐，命人準備酒宴，細問他家世門第，才知道他家是大戶人家，更是歡喜，於是挑選良辰吉日，讓女兒與他成親。張於旦在盧公府住了半個月，便帶著妻子回家。盧公親自送女兒到張家，並在張府住了半年才回家。

張於旦夫婦住在一起，看起來像年輕夫妻，不知情的人反而以為張於旦的兒子媳婦才是公公婆婆。盧公返家後，過了一年就過世了，他的兒子年紀還很小，被豪強人家欺侮，家產幾乎都被霸佔強奪了，張於旦夫婦就把他接來照顧，變成一家人。

◈招遠張於旦，性疏狂不羈，讀書蕭寺。時邑令魯公，三韓人，有女好獵。生適遇諸野，見其風姿娟秀，著錦貂裘，跨小驪駒，翩然若畫。歸憶容華，極意欽想。後聞女暴卒，悼歎欲絕。魯以家遠，寄柩寺中，即生讀所。

生敬禮如神明，朝必香，食必祭，每酬而祝曰：「睹卿半面，長繫夢魂，不圖玉人，奄然物化。今近在咫尺，而邈若山河，恨如何也！然生有拘束，死無禁忌，九泉有靈，當姍姍而來，慰我傾慕。」日夜祝之，幾半月。

一夕，挑燈夜讀，忽舉首，則女子含笑立燈下。生驚起致問，女曰：「感君之情，不能自已，遂不避私奔之嫌。」生大喜，挽坐，遂共歡好。自此無虛夜。謂生曰：「妾生好弓馬，以射麞殺鹿為快，罪孽深重，死無歸所。如誠心愛妾，煩代誦《金剛經》一藏數，生生世世不忘也。」生敬受教，每夜起，即柩前捻珠諷誦。

偶值節序，欲與偕歸，女憂足弱，不能跋履。生請抱負以行，女笑從之，如抱嬰兒，殊不重累，遂以為常。考試亦載與俱，然行必以夜。生將赴秋闈，女曰：「君福薄，徒勞馳驅。」遂聽其言而止。積四五年，魯罷官，貧不能輿其櫬，將就窆之，苦無葬地。生乃自陳：「某有薄壤近寺，願葬女公子。」魯公喜。生又力為營葬，魯德之，而莫解其故。

魯去，二人綢繆如平日。一夜，側倚生懷，淚落如豆，曰：「五年之好，於今別矣！受君恩義，數世不足以酬。」生驚問之，曰：「蒙惠及泉下，經咒藏滿，今得生河北盧戶部家。如不忘今日，過此十五年，八月十六日，煩一往會。」生泣下曰：「生三十餘年矣，又十五年，將就木焉，會將何為？」女亦泣曰：「願為奴婢以報。」少間，曰：「君送妾六七里，此去多荊棘，妾衣裳難度。」乃抱生項，生送至通衢，見路旁車馬一簇，馬上或一人，或二人；車上或三人，四人，十數人，不等。獨一鈿車，繡纓朱幰，僅一老媼在焉。見女至，呼曰：「來乎？」女應曰：「來矣。」乃回顧生云：「盡此，且去，勿忘所言。」生諾。女子行近車，媼引手上之，展軨即發，車馬闐咽而去。

生悵悵而歸，誌時日於壁。因思經咒之效，持誦益虔，夢神人告曰：「汝志良嘉，但須要到南海去。」問：「南海多遠？」曰：「近在方寸地。」醒而會其旨，念切菩提，修行倍潔。

三年後，次子明、長子政，相繼擢高科。生雖暴貴，而善行不替。夜夢青衣人邀去，見宮殿中坐一人，如菩薩狀，迎之曰：「子為善可喜，惜無修齡，幸得請於上帝矣。」生伏地稽首，喚起，賜坐，飲以茶，味芳如蘭。又令童子引去，使浴於池。池水清潔，游魚可數，入之而溫，掬之有荷葉香。移時，漸入深處，失足而陷，過涉滅頂，驚寤，異之。由此身益健，目益明，自捋其鬚，白者盡簌簌落；又久之，黑者亦落，面紋亦漸舒。至數月後，頷禿面童，宛如十五六時。兼好游戲事，亦猶童，過失邊幅，二子輒匡救之。

未幾，夫人以老病卒，子欲為求繼室於朱門。生曰：「待吾至河北去而後娶。」屈指將及約期，遂命僕馬至河北，訪之，果有盧戶部。

先是盧公生一女，生而能言，長益慧美，父母珍愛之。貴家委禽，女輒不欲，怪問之，具述前生約。共計其年，大笑曰：「痴婢！張郎計今年已半百，人事變遷，其骨已朽，縱其尚在，頭童而齒豁矣。」女不聽。母見其志不搖，與盧公謀，戒閽人勿通客，過期以絕其望。未幾，生至，閽人拒之，退返旅舍，悵恨無所為計，閒遊郊郭，因循而暗訪之。

女謂生負約，涕不食，母言：「渠不來，必已殂謝，即不然，背盟之罪，亦不在汝。」女不語，但終日臥，盧患之，亦思一見生之為人，乃託遊遨，遇生於野，視之，少年也，訝之。班荊略談，甚倜儻。公喜，邀至其家，方將探問，盧即遽起，囑客暫獨坐，匆匆入內告女。女喜，自力起，窺其狀不符，零涕而返，怨父欺罔。公力白其是。女無言，但泣不止。公出，意緒懊喪，對客殊不款曲，生問：「貴族有為戶部者乎？」公漫應之，首他顧，似不屬客。生覺其慢，辭出。

女涕數日竟卒。生夜夢女來，曰：「下顧者果君耶？年貌舛異，覿面遂致違隔。妾已憂憤死，煩向土地祠速招我魂，可得活，遲則無及矣。」既醒，急探盧氏之門，果有女亡二日矣。生大慟，進而弔諸其室，已而以夢告盧。盧從其言，招魂而歸，啟其衾，撫其尸，呼而祝之，俄聞喉中咯咯有聲，忽見朱櫻半啟，墮痰塊如冰，扶移榻上，漸復呻吟。盧公悅，肅客出，置酒宴會，細展官閥，知其巨家，益喜，擇吉成禮。居半月，攜女而歸。盧送至家，半年乃去。

夫婦居室，儼然小耦，不知者，多誤以子婦為姑嫜焉。盧公逾年卒，子最幼，為豪強所中傷，家產幾盡，生迎養之，遂家焉。

江軼林與妻續前緣

出自：《新齊諧》

江軼林是通州士人，世代居住在通州的呂泗場。他娶了彭氏為妻，夫妻二人感情非常好。彭氏嫁給江軼林三年，江軼林才剛滿二十歲，還沒有考上生員，進入官辦的學堂就讀。有天晚上，夫婦倆都夢見江軼林在當年的某月某日考入學堂，然後彭氏就在那天去世。

這一年，學使到了通州舉辦考試，呂泗場距離通州有百里，江軼林因為做了那個夢，害怕會應驗，遲疑著不想前往。彭氏催促他說道：「考取功名比較重要，夢境不足以相信的。」江軼林這才勉強前往考試。

放榜的日子正好和夢中日期相同，江軼林果然考中了。他想起夢境，覺得太不吉利了，心裡很不開心。過了兩天，他果然收到了彭氏去世的消息。他考完試後急忙趕到家時，妻子已經死了十四天了。

按照通州的習俗，人死後第十四天晚上，要把死者的衣服和單被放在靈柩旁邊，全家都要回避，因為魂魄會回來找屍體，名叫「回煞」。江軼林因為妻子死去哀痛不已，在回煞夜裡，就搬了張床，睡在棺材旁邊，希望能夠再見到妻子一面。

等到三更時分，江軼林聽見屋角有些輕微響動，彭氏從房檐冉冉飄下，走到靈柩前，對著燈跪拜，燈就熄滅了。燈滅後，房間居然像白天一樣明亮，江軼林害怕驚嚇到妻子，不敢出聲。彭氏從靈位前沿著棺材走到床邊，揭開床帳，低聲說道：「郎君回來了嗎？」江軼林跳了出來，抱著彭氏大哭。兩人哭完後，各自訴說著離別之後的事情，隨後脫下衣服就寢，和生前一樣親密溫存。

江軼林這才慢慢問道：「聽說人死後會有鬼卒管束，回煞時也有煞神同行，妳怎麼可以獨自回來呢？」彭氏說道：「煞神就是負責管束的鬼卒，如果鬼魂有罪才會捆著跟在一旁。冥司念在妾身沒有罪過，況且和郎君前緣未盡，所以讓妾身單獨回來。」江軼林問道：「妳無罪的話，為什麼這麼早就死了？」彭氏說道：「壽命長短是命數，不論有沒有罪過。」江軼林問道：「妳和我前緣未斷，今天來此，莫非要在今晚了斷緣分？」彭氏說道：「還早。前緣了結後，我們還有後緣。」

話還沒有說完，忽然聽到屋外起了風，彭氏很害怕，抱住江軼林，說道：「抱緊我，好好保護我，作鬼的最怕風了，風如果吹到身體，來去就不能自主，一不小心就會被吹到遠處去。」雞鳴之後，夫妻倆要告別了，江軼林依依不捨。彭氏說道：「郎君不用這樣，晚上會再相會的。」說完便離開了。

從此之後，彭氏每天晚上都會前來，還會看看自己生前的物品，為江軼林縫補衣物。兩個月之後，彭氏忽然嘆氣、哭著對江軼林說道：「我們前緣已經了結，此後得分別十七年，才會和郎君續上後緣。」說完便離去了。

江軼林年輕俊美，家裡又很有錢，鄉里很多人願意嫁給他當續絃，但他都拒絕了。等到十七年後，江軼林按照妻子彭氏的樣貌來物色女子求婚，找遍了通州、泰州、儀州、揚州等地方，都沒有找到，只好仍然回到呂泗。

呂泗靠近海邊，有艘海船從山東回來，船上載著一對老夫婦。老夫婦說他們家本來是士族，只生了一個女兒，依附叔叔過活，叔叔打算把女孩嫁給豪族，老翁不願意，所以避居到這裡，女孩也想嫁給江南人。

有人為老翁介紹了江軼林，老翁聽了十分滿意。有人也跟江軼林說了這事，江軼林對老翁說，必須要見過女孩才行。老翁同意了，兩人見面後，江軼林發現女孩長得就像是彭氏，問她年紀，女孩回答說：「十七歲。」她出生的日子，正好是彭氏死後兩個月。

江軼林很高興地和女孩成婚，兩人感情甜蜜異常，女孩的性情喜好，和彭氏生前一樣。江軼林偶爾詢問她前生的事，女孩都笑而不語，江軼林給她取了字叫「蓬萊仙子」，隱喻彭氏轉世再來。後來兩人生了兒子，取名叫「彭兒」，女兒取名叫「彭媳」。夫妻二人歡聚了十七年，先後得病去世。

◈江軼林，通州士人也，世居通之呂泗場，娶妻彭氏，情好甚篤。彭歸江三年，軼林甫弱冠，未游庠。一夕，夫婦同夢軼林於其年某月日遊庠，彭氏即於是日亡。

學使臨通州，呂泗場距通州百里，軼林以夢故，疑不欲往。彭促之曰：「功名事重，夢不足憑。」軼林強行。

及試，果獲售，案出，即夢中月日也。軼林大不懌。越二日，果聞彭訃。試畢急回家，彭死已二七矣。

通俗：人死二七，夜設死者衣衾於柩側，舉家躲避，言魂來赴屍，名曰：「回煞」。

軼林痛彭之死，即於回煞夜屛牀柩旁，潛處其中，以冀一遇。

守至三更，聞屋角微響，彭自房簷冉冉下，步至柩前，向燈稽首，燈即滅。滅後，室中自明如晝。軼林惟恐驚彭，不敢聲。彭自靈前循柩走至牀，揭帳低聲呼曰：「郎君歸未？」軼林躍出，抱持大哭。哭罷，各訴離情，解衣就寢，歡好無異生前。軼林從容問曰：「聞說人死有鬼卒拘束，回煞有煞神與偕，爾何得獨返？」彭曰：「煞神即管束之鬼卒也，有罪則羈紲而從。冥司念妾無罪，且與君前緣未斷，故縱令獨回。」軼林曰：「爾無罪，何故早死？」曰：「修短數也，不論有罪無罪。」軼林曰：「卿與我前緣未斷，今此之來，莫非將盡於此夕乎？」答曰：「尚早。前緣了後，猶有後緣。」言未畢，聞戶外風起，彭大懼，以手持軼林曰：「緊抱我！護持我！凡作鬼最怕風，風倘著體，即來去不能自主，一失足被他吹到遠處去矣。」雞鳴言別，軼林依依不捨。彭曰：「無庸，夜當再會。」言訖而去。

由此每夜必來。來，檢閱生時奩物，為軼林補綴衣服。兩月餘，忽欷歔泣曰：「前緣了矣！此後當別十七年，始與君續後緣。」言訖去。

軼林美少年，家豐於財，里中願續婚者眾，軼林概不允。待至十七年，以彭氏貌物色求婚，歷通、泰、儀、揚，俱不得，仍歸呂泗。

呂泗故邊海，有海舶自山東回者，載老翁夫婦來，言本士族，止生一女，依叔為活。其叔欲以其女結婚豪族，翁頗不願，故來避地。女亦欲嫁一江南人。

人為翁言軼林，翁甚欲之；言諸軼林，軼林必欲一見其女乃可。翁許之，見則宛然一彭也。問其年，曰：「十七矣。」其生時月日，即彭死之兩月後也。軼林欣然訂娶，歡好倍常。性情喜好，彷彿彭之生前。或叩以前生事，笑而不言。軼林字曰「蓬萊仙子」，隱喻彭仙再來也。子曰彭兒，女曰彭媳，歡聚者十七載，夫婦得疾先後卒。

關於《新齊諧》

作者為袁枚（1716~1797）。清代著名筆記故事集。本書初名《子不語》，因元代說部中有同名作品，遂更名為《新齊諧》，取自《莊子．逍遙遊》：「齊諧者，志怪者也。」雖然所記的都是「怪力亂神」故事，但旨在嘲諷批評，某種程度反映出袁枚個人的思想和當時社會面貌。

有此一說

袁枚的《新齊諧》除了記載鬼故事，也記載了一位特別的神，叫作「兔兒神」。相傳清朝時福建有個小官胡天保，因為愛慕長官御史大人的容貌，冒犯了他，遭到處死。後來胡天保托夢給鄉里的人說：他死後到了陰間地府，那裡的官吏認為他並非犯錯害人而死，而是出於一片痴想，雖然笑話揶揄他，還是封他為兔兒神，專門掌管男子歡愛之事，所以要鄉人為他立廟招香火。

當時福建地區有男子相互結為契兄弟之習俗，因此鄉人述說胡天保托夢之語後，大家就紛紛集資建廟，凡去祈拜者都說果真非常靈驗。

第二部　我只想再活一次

讓他們起死回生的，
是對人間未了的心願，
也是親人對死者的不捨眷戀。

談生與鬼妻

出自：《搜神記》

漢朝時，有一個姓談的書生，年紀已經四十歲了，卻還沒有娶妻，常常誦讀《詩經》，每當讀到有所感悟的時候，往往情緒激動不已。

有一天半夜，一個年約十五、六歲的女孩子來找談生，她的外貌可說是舉世無雙，身上的服裝也是天下絕無僅有的，她請求要與談生結為夫妻，談生非常高興，連忙答應。不過女子跟談生說：「我和平常人不太一樣，千萬不能用火光照我，必須等到三年以後，才可以照我。」

兩人遂結為夫婦，之後還生了一個兒子。到了小孩二歲的時候，談生終於忍不住好奇心。有一天夜晚，他趁著妻子睡著的時候，拿著燭火偷看妻子，結果嚇了一大跳。只見妻子的上半身從腰部以上和常人一般，皮膚潔白光滑；但是下半身從腰部以下，卻只有枯骨。談生的舉動將妻子吵醒了。妻子驚醒後，傷心地對談生說：「沒想到你沒守住承諾，辜負我一片心意，我已經快要完全重生了，你為什麼不能再忍這一年，卻要用燭火照我，導致前功盡棄呢？」談生非常後悔，不斷道歉，同時難過地淚如雨下，無法停止。女子接著說：「雖然你我之間的緣分已盡，但是孩子還小，你一個窮書生無法養活孩子，你跟我來，我送你一些東西。」

談生跟著妻子來到了一幢豪華的房子，房子裡面的擺設、裝潢都非常高級名貴。妻子拿了一件珍珠袍子送給他，說：「日後生活如果遇到困難，就把它賣了養活自己和孩子吧。」接著撕下一片談生的衣襟當作紀念就離開了。

後來，談生的生活實在過不下去了，忍痛將珍珠袍子拿著到市場上賣，被睢陽王的家人以千萬錢買下。睢陽王認出這件珍珠袍子，驚訝地說：「這是我女兒的陪葬品，怎麼會在市場上出售？一定是被人盜墓了！」便派人把談生抓來拷問。

談生將事情的來龍去脈向睢陽王說明，睢陽王無法置信，於是親自到女兒的墓地仔細檢查，沒有發現任何遭到破壞的痕跡，便將墳墓挖開查看，果真在棺材裡發現了談生那一片撕下來的衣襟。睢陽王又命人把談生的兒子帶來，仔細端詳了一番，這個小孩的確跟女兒長得很像，睢陽王終於相信這件離奇的事，於是把談生召來，認了這個女婿，又將那件珍珠袍子送給談生。等外孫長大後，睢陽王也上表推薦他入朝擔任「郎中」的官職。

◈漢談生者，年四十，無婦，常感激讀《詩經》。夜半，有女子，年可十五六，姿顏服飾，天下無雙，來就生為夫婦之言，曰：「我與人不同，勿以火照我也，三年之後，方可照耳。」與為夫婦，生一兒，已二歲，不能忍，夜，伺其寢後，盜照視之。其腰已上生肉，如人，腰已下，但有枯骨。婦覺，遂言曰：「君負我。我垂生矣，何不能忍一歲，而竟相照也？」生辭謝涕泣，不可復止。云：「與君雖大義永離，然顧念我兒。若貧不能自偕活者，暫隨我去，方遺君物。」生隨之去，入華堂，室宇器物不凡。以一珠袍與之，曰：「可以自給。」裂取生衣裾留之而去。

後生持袍詣市，睢陽王家買之，得錢千萬。王識之曰：「是我女袍，那得在市？此必發冢。」乃取拷之。生具以實對。王猶不信，乃視女冢，冢完如故，發視之，棺蓋下果得衣裾，呼其兒視，正類王女，王乃信之，即召談生，復賜遺之，以為女壻。表其兒為郎中。

有此一說

湯顯祖在戲曲《牡丹亭》的序文提詞裡，有段很有名的話：「情不知所起，一往而深，生而不可與死，死可以生。生而不可與死，死而不可復生者，皆非情之至也。」感情到了終極處是可以死去與復生的。他在序文裡也提到他的創作參考來源，有《搜神後記》和《異苑》裡的李仲文女兒和馮孝將兒子的事，以及《搜神記》裡談生的故事，這三則內容都與死後還魂復生有關，他根據這幾則內容稍微更動並加以改寫，《牡丹亭》中拷問的情節，更如同睢陽王拷問談生。可以說這種死者復活，活者復死的情節，成為日後這類故事的原型。

道平與父喻

出自：《搜神記》

秦始皇時，有個長安人名叫王道平，自小就與同村人唐叔偕的女兒父喻要好，父喻的容貌出眾，兩人私訂終身要結為夫妻。

不久後王道平被官府徵召去打仗，流落南方，九年間音訊全無。父喻的父母見女兒已經長大，就把她許配給劉祥為妻。父喻心中認定與王道平發了重誓，不肯嫁別人，但受到父母逼迫，只好勉強嫁給劉祥。婚後三年，她一直悶悶不樂，經常思念王道平，內心怨恨不已，最後抑鬱而終。

父喻死後三年，王道平終於回到家，向鄰居詢問：「父喻在哪裡？」鄰居們說：「她對你很痴情，但被父母逼迫，嫁給了劉祥，如今已經過世了。」王道平問：「她的墓在哪裡？」鄰居帶王道平到墓地，他嚎啕痛哭，連續呼喊三次父喻的名字，繞著墓走，十分悲慟，無法遏止。他祝禱說：「我與妳曾向天地立誓，要終身為伴，怎料受到官府拖累，讓我們分離；妳的父母把妳許配給劉祥，違背當初我們的心願，以致生死永別。如果妳有靈，就出來與我相見；如果沒有，只好從此永別了。」說完，又悲傷哭泣。

不久，父喻的魂魄從墓中現出，問王道平：「你從哪裡來的？我們分別很久了。我與你立誓結為夫妻，終身相伴，無奈父母勉強逼迫，才嫁給劉祥。這三年中，我日日夜夜的思念你，才會鬱恨而死，雖然我們已經生死殊途，然而念在你對我舊情不忘，請求相見，那我告訴你，我的身體沒有損壞，可以復活再生，與你結為夫妻。你馬上開墳破棺，我出來就可復活了。」這些話道平聽得清清楚楚，於是打開墓門，父喻果然活了過來，之後便整理衣裝，跟隨道平回家了。

父喻的丈夫劉祥聽聞了這件事，感到很訝異，就告到州縣官府。但官員找不到法律依據審理這種案件，就抄錄情況稟告秦始皇，秦始皇判定父喻為王道平的妻子，後來夫婦倆活到一百三十歲。這實在是因為他們的忠貞不移感動了天地，得到了這樣的好報。

◈秦始皇時，有王道平，長安人也，少時與同村人唐叔偕女，小名父喻，容色俱美，誓為夫婦。

尋王道平被差征伐，落墮南國，九年不歸，父母見女長成。即聘與劉祥為妻，女與道平，言誓甚重，不肯改事。父母逼迫，不免出嫁劉祥。經三年，忽忽不樂，常思道平，忿怨之深，悒悒而死。

死經三年，平還家，乃詰鄰人：「此女安在？」鄰人云：「此女意在於君，被父母凌逼，嫁與劉祥，今已死矣。」平問：「墓在何處？」鄰人引往墓所，平悲號哽咽，三呼女名，繞墓悲苦，不能自止。平乃祝曰：「我與汝立誓天地，保其終身，豈料官有牽纏，致令乖隔，使汝父母與劉祥，既不契於初心，生死永訣。然汝有靈聖，使我見汝生平之面。若無神靈，從茲而別。」言訖，又復哀泣逡巡。

其女魂自墓出，問平：「何處而來？良久契闊。與君誓為夫婦，以結終身，父母強逼，乃出聘劉祥，已經三年，日夕憶君，結恨致死，乖隔幽途。然念君宿念不忘，再求相慰，妾身未損，可以再生，還為夫婦。且速開冢破棺，出我即活。」平審言，乃啟墓門，捫看，其女果活，乃結束隨平還家。

其夫劉祥聞之，驚怪，申訴於州縣。檢律斷之，無條，乃錄狀奏王。王斷歸道平為妻。壽一百三十歲。實謂精誠貫於天地，而獲感應如此。

冥使盜墓

出自：《搜神記》

東漢獻帝建安四年二月時，武陵郡充縣有個名叫李娥的六十歲婦人，因為生病死了，埋在了城外，已經過了十四天。

李娥有個鄰居叫蔡仲，聽說李娥很富有，認為棺材裡一定陪葬了金銀財寶，於是就偷偷地去盜墓。他用斧頭劈開棺材，才劈了幾下，便聽見李娥在棺材中說道：「蔡仲，小心別傷了我的頭啊！」

蔡仲大驚失色，嚇得連忙逃走，誰知正好被縣衙的官吏看到，覺得這人行蹤可疑，於是就當場抓起來了。縣吏訊問後，知道了蔡仲盜墓以及李娥復生的事，依照當時法律，盜墓是要當眾處死刑的。李娥的兒子聽說母親活過來了，趕緊前來把母親接回家去。

武陵的太守聽說李娥死而復生的事，便召見她詢問事情的經過。李娥回答：「聽說我是被那掌管生死的判官誤召去的，一到那兒沒多久就被放出來了。我剛走到西門外，正好碰見表哥劉伯文，彼此都很驚訝，互相詢問對方為何到此，悲傷得痛哭流涕。我對表哥說：『伯文表哥，我是被誤召到這裡的，現在被放回去了，可是我認不得路，沒法獨自趕路，你能為我找個同伴嗎？還有，我被召來這裡已經十幾天了，我的身體一定已經被家人埋葬了，我回到家時，該如何從墳墓裡出來？』劉伯文說：『我幫妳打聽一下。』他馬上派了守門的士兵去問戶曹：『判官那天誤召了武陵郡婦女李娥，如今得以放回。但是李娥在這裡已有好幾天，她的身體肯定入棺埋葬了，該怎樣才能出得了棺材？還有，這婦人一個弱女子，難以獨行，是否應該有個伴呢？她是我的表妹，希望您行個方便，安排讓她平安回去。』戶曹回答說：『現在武陵郡西方邊境上有個男子叫李黑，也被釋放回家，可以讓他和李娥作伴回去。我同時再叫李黑去拜訪李娥的鄰居蔡仲，叫他去挖開墳墓，讓李娥出棺。』我就是因為這樣得以返回人間。臨行時，劉伯文說：『我有一封信要託妳捎給我的兒子劉佗。』接著我就和李黑一起回來了。事情的經過情形就是這樣。」

太守聽了李娥的敘述後，感慨地嘆了口氣說：「天底下還真是有些一般人不理解的事啊！」於是上表陳情，認為「蔡仲雖然犯下盜墓罪，卻是鬼神驅使他去做的。他即使想不挖，也會為情勢所逼不得不做，所以應該寬恕他的盜墓罪行。」皇帝也下了詔書，同意武陵太守的意見。

太守想驗證一下李娥的話是否為真，就派手下小吏騎馬到西方邊境上，去找李黑詳細詢問，果然與李娥所說完全相合。李娥把劉伯文託付的信拿給劉佗。劉佗認得那信紙是父親過世時陪葬箱中的公文紙。紙上的文字還在，但內容卻無法理解。於是請有名的方士費長房來讀信。信中寫著：「我兒陳佗：我要跟著泰山府君出外辦案巡視，會在八月八日中午時分，在武陵城南側的護城河邊稍作停留，你到時一定得去那裡。」

到了約定的日期時間，劉佗帶著全家大小在城南等待。沒過多久，劉伯文果然來了。只聽得遠處有人馬喧鬧的聲音，這聲音來到護城河，接著便有人喊道：「劉佗你過來！你收到我讓李娥捎給你的信了嗎？」劉佗回答說：「收到了，所以我才來這裡。」劉伯文依次叫喚全家老小名字，一一詢問情況，說了很久，內心還是十分悲痛，他對家人們說：「死和生是兩個世界，因此不能經常得到你們的消息。我死之後，兒孫們竟都長得這麼大了。」過了許久，劉伯文對劉佗說：「明年春天將會流行病疫，我給你這顆藥丸，化開塗在家門上，就可以避開明年的病疫癘氣了。」他說完之後，忽然就離開了，劉佗始終沒能看見父親的形體。

到了隔年春天，武陵郡果然開始流行怪病，大白天的都可以見到鬼魂，只有劉伯文的家，鬼不敢去打擾。費長房仔細察看了那藥丸後說：「這藥丸是用驅疫避邪之神『方相』的腦子作成的啊。」

◈漢建安四年二月，武陵充縣婦人李娥，年六十歲，病卒，埋於城外，已十四日。娥比舍有蔡仲，聞娥富，謂殯當有金寶，乃盜發冢求金。以斧剖棺，斧數下，娥於棺中言曰：「蔡仲！汝護我頭。」仲驚，遽便出走，會為縣吏所見，遂收治。依法，當棄市。娥兒聞母活，來迎出，將娥回去。

武陵太守聞娥死復生，召見，問事狀。娥對曰：「聞謬為司命所召，到時，得遣出，過西門外，適見外兄劉伯文，驚相勞問，涕泣悲哀。娥語曰：『伯文！我一日誤為所召，今得遣歸，既不知道，不能獨行，為我得一伴否？又我見召在此，已十餘日，形體又為家人所葬埋，歸，當那得自出？』伯文曰：『當為問之。』即遣門卒與戶曹相問：『司命一日誤召武陵女子李娥，今得遣還，娥在此積日，屍喪，又當殯殮，當作何等得出；又女弱，獨行，豈當有伴耶？是吾外妹，幸為便安之。』答曰：『今武陵西界，有男子李黑，亦得遣還，便可為伴。兼敕黑過娥比舍蔡仲，發出娥也。』於是娥遂得出。與伯文別，伯文曰：『書一封，以與兒佗。』娥遂與黑俱歸。事狀如此。」

太守聞之，慨然嘆曰：「天下事真不可知也。」乃表，以為：「蔡仲雖發冢為鬼神所使；雖欲無發，勢不得已，宜加寬宥。」詔書報可。

太守欲驗語虛實，即遣馬吏於西界，推問李黑，得之，與黑語協。乃致伯文書與佗，佗識其紙，乃是父亡時送箱中文書也。表文字猶在也，而書不可曉。乃請費長房讀之，曰：「告佗：我當從府君出案行部，當以八月八日日中時，武陵城南溝水畔頓。汝是時必往。」

到期，悉將大小於城南待之。須臾果至，但聞人馬隱隱之聲，詣溝水，便聞有呼聲曰：「佗來！汝得我所寄李娥書不耶？」曰：「即得之，故來至此。」伯文以次呼家中大小，久之，悲傷斷絕，曰：「死生異路，不能數得汝消息，吾亡後，兒孫乃爾許大！」良久，謂佗曰：「來春大病，與此一丸藥，以塗門戶，則辟來年妖癘矣。」言訖，忽去，竟不得見其形。

至來春，武陵果大病，白日皆見鬼，唯伯文之家，鬼不敢向。費長房視藥丸，曰：「此『方相』腦也。」

李仲文女

出自：《搜神後記》

晉朝的時候，武都郡太守李仲文的女兒不幸病死，年紀才十八歲，李仲文因為郡守的工作，無法將女兒送回故鄉安葬，只能暫時將她葬在郡城北方的墓地。後來李仲文調職，朝廷派了一位名叫張世之的人前來擔任武都郡太守。張世之的兒子名叫子長，年二十歲，跟著父親在公署中，幫忙處理一些文書工作。

一天晚上，張子長夢到一個女孩子，年紀大約十七、八歲，長得非常漂亮，她自我介紹說：「我是前任太守的女兒，不幸因病早亡。但陰司答應讓我還陽，現在快要復活了。因為對你一見鍾情，希望能與你交往，特地現身與你相會。」這樣一連五、六天晚上，張子長在夢中與這個女子相會。有一天，那女子突然在白天出現，和活人沒有什麼分別，她的衣服有著奇異的香氣，二人見了面都很高興，於是就上床行了夫妻之事，之後張子長發現女子的貼身衣物上沾染了血跡，才知道她是處子之身，因此對她更加憐愛。

後來，李仲文思念女兒，派遣家中的侍女前去女兒的墓前祭拜。這名侍女遇到了張世之的夫人，夫人邀她到府中，想趁機了解李家小姐的事，侍女到了張府，無意中竟發現張子長床下有一隻繡花鞋，認出是小姐下葬時穿的，忍不住放聲大哭，並且嚷嚷著說一定是張子長盜了她家小姐的墓，並把鞋子拿回去給李仲文看。李仲文非常驚訝，連忙派人去問張世之：「你兒子是怎麼得到我死去女兒的鞋子的？」

張世之把兒子叫來，大聲地責問他是怎麼一回事？張子長就把事情的原委如實說了。李、張二人都覺得不可思議，李仲文決定開棺查看，只見女兒的身體已經重新長出肉來了，容貌也幾乎和活著的時候相同，右腳穿著繡花鞋，左腳的鞋則已經不見了。

當天夜裡，張子長夢見女子哀傷地對他說：「我本來快要復活了，不料肉還沒完全長好，棺木就被打開，我又要再度死去，那些新長出的肉也會腐爛無法再生了。都是我自己不好，與你相好而忘情，不慎將鞋子留下，才導致無法復活的下場。我心裡的悲痛與悔恨，真是無法用言語訴說啊！」說完，便哭著與張子長訣別，從此再也沒有出現了。

◈晉時，武都太守李仲文，在郡喪女，年十八，權假葬郡城北。有張世之代為郡，世之男字子長，年二十，侍從在廨中。

夜夢一女，年可十七八，顏色不常，自言：「前府君女，不幸早亡，會今當更生。心相愛樂，故來相就。」如此五六夕。忽然晝見，衣服薰春殊絕，遂為夫妻；寢息，衣皆有汗，如處女焉。

後仲文遣婢視女墓，因過世之婦相聞。入廄中，見此女一隻履在子長牀下，取之啼泣，呼言發塚。持履歸，以示仲文。仲文驚愕，遣問世之：「君兒可由得亡女履耶？」世之呼問，兒具道本末。李、張並謂可怪，發棺視之，女體已生肉，姿顏如故，右腳有履，左腳無也。

子長夢女曰：「我比得生。今為所發，自爾之後，遂死，肉爛，不得生矣。萬恨之心，當復何言？」涕泣而別。

關於《搜神後記》

相傳作者是陶潛（365～427），但所記內容有其死後之事，可能是後人假託陶潛之名或者增補篇目。又名《續搜神記》、《搜神續記》，六朝志怪故事集。本書記述鬼神怪異、神仙洞窟之事，以及人鬼之間的婚戀愛情，表現人們追求美好生活的幻想。

韋會地府雪冤

出自：《古今說海》

饒州刺史齊推的女兒，嫁給湖州的參軍韋會為妻。長慶三年時，韋會要去長安參加吏部的調選，但妻子正好懷孕，於是送她回到位在饒州府治鄱陽的娘家，韋會便出發了。

到了十一月，韋會妻子齊氏即將分娩的夜裡，忽然看見一人，高一丈多，穿著堅硬的鎧甲，手裡拿著斧鉞，憤怒地說：「我是梁朝的陳將軍，住在這屋裡很久了，妳是什麼人，膽敢在此汙染房子！」舉起斧鉞就要殺她。齊氏大叫乞求道：「凡人的眼力有限，不知道將軍您在這兒，多有打擾非常抱歉，現在承蒙指正，求您允許我搬走。」陳將軍說：「不搬走就處死妳！」左右的人聽到齊氏傳來苦苦哭泣哀求之聲，都嚇得趕緊過來看她。只見齊氏汗流浹背，精神恍惚，人們圍著她詢問，她才慢慢述說所見之事。

等到了天亮，侍婢們把此事稟告了刺史，請求能搬到另外的屋子去。但齊推向來正直，堅信無鬼論，並沒有答應這個請求。到了這天夜裡三更，陳將軍又來了，大怒說：「上次說是不知者無罪，按理應當寬恕妳，但妳現在知道了卻不搬走，這就不可原諒了！」於是舉起斧鉞就要砍下。齊氏又哀求說：「我父親個性倔強，不肯聽從我的請求，我只是一個弱女子，哪敢抵抗神靈？請容許我待到天亮，到時不等您來命令就會立刻搬走。這次若不搬走，甘心死一萬次。」將軍聽了只好忍著怒氣離去。

天還未亮，齊氏便叫侍婢打掃另外的屋子，準備把床搬過去。正要搬時，刺史回來看見，詢問搬房的緣故。侍婢據實稟告，刺史非常氣憤，將侍婢杖責數十下，並說：「懷孕的婦女身體虛弱，正氣不足，因此妖孽興起，這怎能相信！」女兒齊氏哭著央求，刺史卻始終不許她搬移。夜裡，刺史親自睡在女兒門前，用身體擋著門，堂屋中也增加值夜的人員，並多點許多蠟燭以求安全。半夜裡，使君卻突然聽到齊氏淒厲的驚叫聲，開門衝進去一看，齊氏已經頭破而死了。刺史萬分痛悔，認為就是抽刀自盡，也不足以向女兒謝罪。只好把靈柩停放在另外的屋子裡，派能幹敏捷的僕役趕快去給韋會報信。

韋會因為辦理文書簿籍有些許差誤，被吏部降職處分，從另一條路回家，沒有遇到報喪的僕人，因此並不知妻子的噩耗。在離饒州百餘里的地方，他忽然看見一個女子站在一座房屋前，她的容貌與舉止，都和齊氏十分相像。韋會拉了僕人一把，指著那女子說：「你看到那女子了嗎？怎麼跟我的妻子如此相像？」僕人回答說：「夫人是刺史的愛女，怎麼會到這裡來？可能是其他長得相像的女子吧。」韋會又仔細看了看，越發覺得像是自己的妻子，便策馬走近女子。那女子於是走進門裡，斜關著門，韋會以為是自己認錯了，便走了開去，然而卻又忍不住回頭看。齊氏從門裡出來叫喚：「韋君，你忍心不理我了嗎？」韋會急忙下馬來仔細一看，真的就是自己的妻子，驚奇地問她怎麼會在這。齊氏把被陳將軍所殺一事娓娓道來。

齊氏哭訴說：「我雖然愚蠢淺陋，幸而還能盡些侍奉丈夫之道，說話做事，於情於理，都未曾得罪仁人君子，正想在閨門克盡貞節，善守婦道，就此到老，卻白白的被狂鬼殺害。我自己查驗了生死簿，應該還有二十八年的壽命。現在只有一個辦法可以救我，你願意為我去試試看嗎？」韋會回應說：「夫妻之情，本來就是一體的。我現在就像是比翼鳥墜落了翅膀，比目魚失掉了另一半的眼睛，如今孤單一人，該何去何從？假如真有辦法，就是赴湯蹈火，我也在所不辭。只是生死異路，我怕難以了解冥界的事，要是真的可以奉獻心力，我很願聽聽這個計策。」齊氏說道：「這村子以東幾里遠的地方，有一座草堂，裡面住著一位田先生，他教導一些村童讀書。這人十分奇特怪異，你不能急忙對他提起這事。不能騎馬、要用走的走到他的草堂，在門邊遞上名帖，態度要像拜訪大官一樣尊敬，並低眉垂首哭訴我的冤情。他聽了一定會十分惱怒，甚至辱罵你，或捶打拖拉、吐唾沫弄髒你。但你一定要全數承受，結束後才能顯得你哀求懇切，那麼我一定得以生還。田先生的容貌看起來好像很不怎麼樣，但陰間的事他不會不重視的。」

於是兩人同行準備出發，韋會牽馬要讓妻子騎乘，齊氏哭著說：「我這身子已經不同於往日了，你即便騎馬，怕也難趕上我，事情很緊急，這會兒別再花時間相互禮讓了。」於是韋會趕著馬緊隨著妻子，的確好幾次都跟不上她。走了幾里路後，遠遠看見路北的草堂，齊氏指著草堂說：「那就是田先生居住的房子了，救我之心一定要誠懇而堅定，不管多麼痛苦也不要退卻，他如果凌辱你，我就一定能生還。你千萬不能發怒，以免我們永遠分離，請好好努力！我先告退了！」說完灑淚離開，幾步之後身影便消失了。

韋會收住眼淚前往草堂去，在離草堂還有數百步遠時，便下馬穿上官服，並叫僕人拿著名帖在前面引路。到了草堂門前，田先生的學生告訴他：「先生出去吃飯還沒有回來。」韋會恭敬的在旁等候，很久之後，終於見一個戴著破帽的人，踏著木屐走來，相貌很醜陋。韋會問那些學生，他們回答：「這就是先生。」韋會命令僕人呈上名帖，自己小跑向前迎接拜見。田先生回拜說：「我只是一個鄉村老翁，教牧童求一碗飯吃，官人你為何突然這樣多禮，讓人很驚訝啊。」韋會拱手說明：「我的妻子享年還未過半，便平白的被梁朝陳將軍給殺害了，請求您救她回來，讓她能終其餘年。」他叩頭哭拜。田先生卻說：「我只是村野中一個淺薄愚蠢的俗人，學生們互相爭吵鬥嘴，我還沒法子幫他們裁奪哩，更何況陰間的事！官人該不是患了瘋病發狂吧？請趕快離開，不要隨意講這些妖言瘋語！」於是不理韋會就進屋去了。韋會跟隨著田先生進屋，在田先生座位前叩拜說：「我所訴說的這些冤屈都是真的，求求您憐憫我們啊。」先生回頭對他的學生說：「這人得了瘋病，來這裡吵吵鬧鬧，把他拖出去！再進來的話，你們就向他吐口水。」數十個村童都爭著朝他臉上吐口水，可想而知那汙穢。但韋會也不敢擦，等他們吐夠了，他又向田先生下拜請求，言辭誠摯又懇切。田先生說：「我聽說得了瘋病而癲狂的人，打了也不會痛的，大家儘管打他吧，不要打斷四肢，也不要毀了面容就是！」村童又一起回來猛烈地打，他疼痛難當，卻還是拱手而立，任由他們揮拳擊打，打完後又仍舊不屈不撓的上前哀求。田先生又叫學生將韋會推倒，抓住腳拖他出去，如此拖出去他又進來，反覆多次。

於是田先生對學生們說：「這人確實知道我有法術，所以誠心來拜託我。你們先回去，我應該救他的妻子！」村童們散去後，田先生對韋會說：「官人真是誠懇的性情中人啊，為了妻子的冤屈，甘心受盡屈辱，你的誠意令我感動。這事我知道很久了，只是之前並沒有人來申訴，現在您妻子的屍體已經腐壞，來不及整理了。我剛才拒絕您，是還沒有想出辦法啊，現在就讓我為您做個安排。」於是叫韋會進入房裡，房裡鋪著席子，席上有張矮長桌，桌上放了一個香爐，香爐前又鋪上席子。田先生坐下後，叫韋會跪在桌前。一會兒便見一個穿黃衣衫的人帶著他朝北走了數百里，進入城中，只見居民們住的地方如同州郡首府一樣熱鬧。城的北面有一座小城，城中的樓閣殿宇，雄偉高大得像皇宮一般。衛士們拿著兵器，站著和坐著的都各有幾百人。到城門前，守門的官吏通報說：「前任湖州參軍韋某到。」韋會便隨著通報進去了，正北有九間正殿，這些殿堂中有一間掛著簾子，擺設著長條桌，有一個穿著紫紅色衣服的人面南而坐。

韋會進去，向坐著的那人叩拜，抬起頭來一看，正是田先生。韋會再次訴說冤情，田先生左右的人說：「到西邊通道的桌邊來。」韋會就走進西邊的通道，有個人交給他筆硯，韋會寫了申訴狀，韋會問現在堂上處理事務的人是什麼官銜，他回答說：「是管理此處的王。」官吏收了申訴狀走上殿去。王判決說：「把陳將軍拘提到案，照慣例查驗狀紙上所列的罪狀是否屬實。」狀紙傳出，瞬息之間就聽到通報說：「陳將軍帶來了！」於是一一查驗狀紙上列的罪狀，齊氏所言果然不假。王就責備陳將軍說：「為什麼枉殺平民百姓？」陳將軍說：「我居住在這房子裡至今已有幾百年，而齊氏卻擅自搬進來，還要在屋裡分娩汙染房間，我寬恕了她兩次，她卻仍不搬走，因此才憤而殺她，是她自己罪該萬死。」王判決說：「陽間陰間本來各自有路，依理兩不相干。被囚禁的鬼，蠻橫的強占活人住室，你不自己反省，反而還殺害無罪之人，可以打你一百下，流放到東海南邊去。」

案吏審看案卷後說：「齊氏的壽命確實還有二十八年。」王命人把齊氏叫來，跟她說：「陽壽未完，理應讓妳返回人間。若現在放妳回去，妳願意嗎？」齊氏回答：「我真心願意回去。」王又判決說：「交給案吏，判令放回。」案吏啟奏說：「齊氏的身體已經腐壞，她的魂魄回去會無所歸依。」王說：「派人修補好。」案吏說：「屍體全都已敗壞，無法修補。」王說：「齊氏壽命還很長，若不能讓她再生，在道理上說不過去，難以令人誠服。你們意見如何？」有個年老的官吏上前啟奏說：「東晉時鄴下有個人意外死去，正好與這事情差不多，之前負責管事的官員葛真君判決用具魂的辦法，造出原來的身體，返歸生路後，飲食、言語、嗜好、欲望等，一切與常人都沒有兩樣。只是到壽終正寢時，不見形體罷了。」王說：「什麼叫做具魂？」這官吏說：「活人有三魂七魄，死後則分散到草木之中，所以沒有一個歸依之處。如果大王下令收回它們，將它們收攏聚合後，再用續弦膠塗在上面，那麼她與原來的身子就沒什麼不同了。」王說：「好。」召來韋會說：「使魂魄生還為人只有這個差異，就這樣處置可以嗎？」韋會回答說：「能這樣就太幸運了。」一會兒又看見一個官吏領著另外七、八個女人前來，跟齊氏一模一樣，官吏推攏她們，合為一個。又來一個人，拿來一罐藥水，形狀像糖漿一樣，塗在齊氏身上，塗完後，王便命韋會帶著齊氏一同返回陽間。這時那穿黃衣衫的人又來帶著韋會往南行走，出城之後，好像走在懸崖或山谷中，又忽然像是從上往下跌落，韋會睜開眼睛時發現自己仍舊跪在草堂裡的矮桌前，田先生也仍靠著桌子坐著。

田先生對他說：「這事很神祕難解，若不是您如此誠懇，是不可能有這樣的結果。然而您的夫人還沒有下葬，還須趕快埋葬原來的屍體，現在就火速傳遞一封快信請家裡人葬下。夫人回去才不會感到痛苦和不快。千萬不要在州郡裡說起此事，哪怕透露出一點讓別人知道，都會對刺史不利。夫人現在已經在門前，您可與她一同回去了。」韋會拜別了田先生，看到他的妻子站在馬前，這時她已經還魂變成活人，不再輕盈快捷。韋會卸掉一些馬馱負的行李衣物，讓妻子乘馬，自己則騎上驢子跟隨著。韋會同時送了一封快信給刺史，請求立刻把妻子的棺柩下葬。

刺史本來聽說韋會快回來了，還設了靈堂等他，等收到信，又是吃驚，又不敢不相信，但也只好勉強將女兒的棺柩下葬，然後叫兒子派轎子去迎接齊氏歸來。刺史見到齊氏更加納悶狐疑，想盡方法要詢問他們夫妻倆，但他們卻堅決不肯說出實情。某年夏天，刺史把韋會灌醉，追問他此事，韋會酒醉不知不覺全盤托出。刺史聽了覺得很噁心，不久就得了病，幾個月後便死了。韋會又暗地裡派人窺察田先生，卻也找不到他在何處。齊氏後來的飲食、生育，都與常人相同，只是抬她的轎夫們都感覺不到轎子裡頭有人。

◈饒州刺史齊推女適湖州參軍韋會，長慶三年，韋將赴調，以妻方娠，送歸鄱陽，遂登上國。

十一月，妻方誕之夕，忽見一人長丈餘，金甲仗。鉞怒曰：「我梁朝陳將軍也，久居此室，汝是何人，敢此穢觸！」舉鉞將殺之。齊氏叫乞曰：「俗眼有限，不知將軍在此。比來承教，乞容移去」。將軍曰：「不移當死。」左右悉聞齊氏哀訴之聲，驚起來視。齊氏汗流洽背，精神恍然，繞而問之，徐言所見。

及明，侍婢白使君請移他室。使君素正直，執無鬼之論，不聽。至其夜，三更，將軍又到，大怒曰：「前者不知，理當相恕，知而不去，豈可復容！」遂將用鉞。齊氏哀乞曰：「使君性強，不從所請。我一女子敢拒神明，容至天明，不待命而移去，此更不移甘於萬死。」將軍者拗怒而去。

未曙，令侍婢灑掃他室，移榻其中。方將輦運，使君公退，問其故，侍者以告使君，大怒，杖之數十，曰：「產蓐虛羸，正氣不足，妖由之興，豈足遽信。」女泣以請，終亦不許。入夜自寢其前，以身為援，堂中添人，加燭以安之。夜分，聞齊氏驚痛聲，開門入視，則頭破死矣。使君哀恨之，極倍百常情，以為引刀自殘，不足以謝其女。乃殯於異室，遣健步報韋會。

韋以文籍小差為天官所黜，異道來復，凶訃不逢。去饒州百餘里，忽見一室，有女人映門，儀容行步，酷似齊氏，乃援其僕而指之曰：「汝見彼人乎？何以似吾妻也？」僕曰：「夫人刺史愛女，何以行此，乃人有相類耳。」韋審觀之，愈是，躍馬而近焉。女人乃入門，斜掩其扇，又意其它人也，乃過而回視。齊氏自門出，呼曰：「韋君忍不相顧。」韋遽下馬視之，真其妻也，驚問其故，具云陳將軍之事。

因泣曰：「妾誠愚陋，幸奉巾櫛，言詞情禮，未嘗獲罪於君子，方欲竭節閨門，終於白首，而枉為狂鬼所殺。自檢命籍，當有二十八年，今有一事，可以自救，君能相哀乎？」韋曰：「夫妻之情，事均一體，鶼鶼翼墜，比目半無，單然此身，更將何往？苟有岐路湯火能入，但生死異路，幽晦難知，如可竭誠，願聞其計。」齊曰：「此村東數里有草堂中田，先生者，領村童教授，此人奇怪，不可遽言，君能去馬步行，及門叩謁，若拜上官，然垂泣訴冤，彼必大怒，乃至詬罵，屈辱捶擊，拖拽穢唾，必盡數受之。事窮然後見哀，即妾必還矣。先生之貌，固不稱焉，晦冥之事，幸無忽也。」

於是同行，韋牽馬授之，齊氏哭曰：「妾此身故非舊日，君雖乘馬，亦難相及，事甚廹切，君無推辭。」韋鞭馬隨之，往往不及。行數里，遙見道北草堂，齊氏指曰：「先生居也，救心誠堅，萬苦莫退。渠有凌辱，妾必得還，無忽忿容，遂令永隔。勉之從此辭矣！」揮涕而去，數步不見。

韋收淚詣草堂，未到數百步，去馬公服，使僕人執謁前引。到堂前，學徒曰：「先生轉食未歸。」韋端笏以候良久。一人戴破帽，曳木屐而來，形狀醜穢之極，問其門人曰：「先生也。」命僕呈謁，韋趨走迎拜。先生答拜曰：「某村翁求食於牧豎，官人何忽如此？甚令人驚！」韋拱訴曰：「妻齊氏享年未半，枉為梁朝陳將軍所殺，伏乞放歸，終其殘祿。」因叩地哭拜。先生曰：「某乃村野鄙愚，門人相競，尚不能斷，況冥晦間事乎？官人莫風狂否，火急須去，勿恣妖言。」不顧而入。韋隨入，拜於床前曰：「實訴深冤，幸垂哀宥。」先生顧其徒曰：「此人風疾，來此相喧，可拽出又復入，汝共唾之。」村童數十競來唾面，其穢可知。韋亦不敢拭唾。歇復拜，言誠懇切。先生曰：「吾聞風狂之人，打亦不痛，諸生為吾擊之，無折支敗面耳。」村童復來群擊，痛不可堪。韋執笏拱立，任其揮擊，擊罷，又前哀乞。又勑其徒推倒，把腳拽出，放而復入者三。

先生謂其徒曰：「此人乃實知吾有術，故此相訪。汝今歸，吾當救之耳。」眾童既散，謂韋曰：「官人真有心丈夫也，為妻之冤，甘心屈辱，感君誠懇，然茲事吾亦久知，但不早申訴，屋宅已敗，理之不及。吾向拒公，蓋未有計耳，試為足下作一處置。」因命入房，房中鋪席，席上有案，置香一爐，爐前又鋪席。坐定，令韋跪於案前。俄見黃衫人引向北行數百里入城，郭鄽里閙喧，一如會府。又北有小城，城中樓殿，嶤若皇居，衛士執兵，立者坐者各數百人。及門，門吏通曰：「前湖州參軍韋某。」乘通而入，直北正殿，九問堂中，一間卷簾設床案，有紫衣人南面坐者。

韋入向坐而拜，起視之，乃田先生也。韋復訴寃，左右曰：「近西通狀。」韋趨近西廊，有授筆硯者，乃為訴詞。韋問：「當衙者何官？」曰：「王也。」吏收狀上殿，王判曰：「追陳將軍，仍檢狀過。」判狀出，瞬息間，通曰：「提陳將軍至。」仍檢狀過，有如齊氏言。王責曰：「何故枉殺平人？」將軍曰：「自居此室已數百歲，而齊氏擅穢，再宥不移，忿而殺之，罪當萬死。」王判曰：「明冥異路，理不相干，久幽之鬼，橫占人室，不知自省，仍殺無辜，可決一百，配流東海之南。」

案吏過狀曰：「齊氏祿命，實有二十八年。」王命呼阿齊問：「陽祿未盡，理合卻回。今將放歸，意欲願否？」齊氏曰：「誠願卻回。」王判曰：「付案勒回。」案吏咨曰：「齊氏宅舍破壞，無所歸。」王曰：「差人修補。」吏曰：「事事皆隳，修補不及。」王曰：「齊氏壽算頗長，若不再生，義無厭伏。公等所見如何？」有一老吏前啟曰：「東晉鄴下有一人橫死，正與此事相當。前使葛真君斷以具魂作本身，卻歸生路，飲食言語，嗜慾追遊，一切無異，但至壽終，不見形質耳。」王曰：「何謂具魂？」吏曰：「生人三魂七魄，死則散草木，故無所依。今收合為一體，以續弦膠塗之。大王當衙，發遣放回，則與本身同矣。」王曰：「善。」召韋曰：「生魂只有此異，作此處置，可乎？」韋曰：「幸甚。」俄見一吏，別領七八女人來，與齊氏一類，即推而合之。又有一人持一器藥，狀似稀餳，即於齊氏身塗之畢，遂令韋與齊氏同歸，各拜而出。黃衫人復引南行，既出其城，若行崖谷，跌而墜，開目即復跪在案前，先生者亦據案而坐。

先生曰：「此事甚祕，非君誠懇不可致也。然賢夫人未葬，尚瘞舊房，宜飛書葬之。到即無苦也，慎勿言於郡下，微露於人，將不利於使君耳。賢合只在門前，便可同去。」韋拜謝而出，其妻已在馬前矣。此時卻為生人，不復輕健。韋擲其衣馱，令妻乘馬，自跨衛從之。且飛書於郡，請葬其柩。

使君始聞韋之將到也，設館施繐帳以待之，及得書驚駭，殊不信然，強葬之，而命其子以肩輿迓焉，見之，益閟多方以問，不言其實。其夏醉，韋以酒迫問之，不覺具述，使君聞而惡焉，俄得疾，數月而卒。韋潛使人覘田先生，亦不知所在矣。齊氏飲食生育，無異於常，但肩輿之夫，不覺其有人也。

關於《古今說海》

明代陸楫（1515～1552）、黃標（生卒年不詳）為首編纂，中國第一部文言筆記小說叢書，共一百四十二卷。內容大量取材自《太平廣記》和《說郛》，收錄唐宋到明代正德、嘉靖之際的文言小說筆記小說一百三十五種。

有此一說

齊推之女死而復活的故事，唐代有牛僧孺《玄怪錄》的〈齊推女〉和李復言《續玄怪錄》的〈齊饒州〉版本，兩者情節類似，人名與敘述略有所不同，以情節豐富性和人物塑造來說，後者較佳。明代《古今說海》裡收錄的〈齊推女傳〉大致是依據〈齊饒州〉故事而來，馮夢龍《情史》也收錄了〈齊饒州女〉。這個故事在唐末五代間出現了兩則再寫的小說，即杜光庭《仙傳拾遺》的〈田先生〉及南唐尉遲偓《中朝故事》的「鄭畋鬼胎」，前者把主角換成故事裡讓人復生的仙人田先生，後者則把故事主角變成真實人物鄭亞，說唐末宰相鄭畋是母親死而復生後生他的。清代蒲松齡《聊齋誌異》〈畫皮〉也化用了這個故事後半部的情節，即遭受重重考驗、獲得異人相助使人復生的部分。

畫皮

出自：《聊齋志異》

太原有一位王生，一日早起散步，遇到一位女郎。只見她拎著包袱獨自一人，走得很慢，走近一看，卻是一位約十五、六歲的美貌佳人。他起了愛慕之心，便問：「妳為什麼一個人摸黑趕路呢？」那女子回答：「您和我陌路相逢，又不可能解我的憂愁，何必多問呢！」王生說：「妳有什麼憂愁，我或許能盡我的力量幫助妳，還請妳不要拒人於千里之外。」女子於是悲傷地哭訴說：「我的父母貪圖錢財，把我嫁給了一個富貴人家做妾。可是她家大娘子十分凶狠，朝夕打罵，我不能忍受，就想遠遠的逃走。」王生問：「那麼妳打算去哪裡呢？」女子回答：「我只顧著逃亡，哪裡有地方可去呢！」王生就說：「我家離此不遠，不如妳到我家如何？」女子十分高興，答應了他。

王生替她拿著包袱，領她一同回去。進了屋子，女子四下一看，見屋子裡沒有別人，便問：「您府上怎麼沒有其他家人？」王生回答：「這是我的書房。」女子說：「這樣最好，如果您可憐我，願意讓我活下去，還請務必保密不要洩漏消息。」王生答應了，就與她同床共寢，把她密藏在書房。就這樣過了好幾天，家人也都不知道。

後來，王生隱約地透露這件事讓妻子知道，妻子姓陳，懷疑這女子是大戶人家的小妾，勸丈夫趕走她，但王生不聽。一天，他偶然到市場上，遇到一個道士，道士望著他驚奇地問：「你是不是遇到什麼了？」王生回答：「沒遇到什麼呀。」道士說：「你邪氣上身，怎麼說沒遇到什麼？」王生不斷否認，道士才走了，邊走還邊自言自語地說：「真糊塗呀！世間真有死到臨頭還不覺悟的人！」王生聽他說得奇怪，也開始懷疑那女子，但轉念一想，這樣的美貌女子，怎麼可能是妖怪，一定是那道士假借捉妖除怪騙頓飯吃罷了。

不一會兒，他走到書房門口，發現大門從裡邊門上了，進不去。他不禁懷疑起那女子，於是從牆上的缺口翻牆過去，可是裡門也關上了。他悄悄來到窗戶前偷看，只見一個面目猙獰的鬼怪，臉是綠色，銳利的牙齒像鋸齒一般，把人皮鋪在床上，握著一隻彩筆描繪。那鬼怪畫完了，拿起人皮，像抖動衣服一樣，又披在身上，隨即化為一位美貌女子。王生見狀，嚇得魂都沒了，匍匐著從牆洞爬出來。他急急忙忙去追趕道士，可那道士卻不知到哪裡去了。他四處尋找，最後終於在荒郊野外找到那道士，他立刻跪下請求道士搭救，久久不肯站起。道士說：「這鬼怪也挺苦，好不容易才找到替身，我也不忍心傷害她的性命。」於是，拿了一把驅蒼蠅的拂塵交給他，叫他掛在臥室門上，臨別還約定，若有事就到青帝廟找他。

王生回到家，不敢進書房，就在內宅住下，把拂塵掛在門口。到了夜裡一更左右，聽到門外有嚓嚓的響聲。他自己不敢去看，就讓妻子去看。妻子見到女子來了，望見拂塵不敢進來，站著咬牙切齒，很久才離去。一會兒，那女子又來了，嘴裡罵道：「臭道士嚇唬我，我豈能把到口的肉又吐出來！」於是把拂塵取下來扯碎，撞壞了門闖進來，逕自上了床，把王生的肚子剖開，捧出他的心臟走了。王生妻子大哭，婢女連忙拿著蠟燭過來一照，只見王生早已慘死，胸膛剖開，血流得滿地都是。王生妻子又驚又怕，不敢再哭出聲。

第二天，王生妻子連忙讓王生的弟弟去找道士。道士聽說後大怒：「我本來還可憐她，沒想到這鬼怪竟如此大膽！」隨即跟著王生的弟弟回來。可是，那女子早已不知去向。道士抬頭回望一下說：「幸虧沒有逃遠。」就問：「南院住的是誰家？」王生的弟弟說：「是我家。」道士說：「那鬼怪現在就在你家。」王生的弟弟大驚失色，回說沒有看到有鬼怪來。道士追問：「那有沒有不認識的人來過？」王生的弟弟回答：「我一早就去青帝廟找您，不知道有無此事，我現在就回去問問看。」一會兒他又回來說：「果然真有其事，早上來了一個老婦，說是想到我家幫傭，我妻子沒有答應，現在人還在我家。」道士說：「就是這東西了。」於是一同來到南院。道士手握木劍，站在院子裡，大喊：「孽鬼，把我的拂塵還來！」那老婦在屋裡驚慌失措，面無人色，出門就想逃。道士趕上去一劍刺中了她，老婦頓時倒下，人皮嘩地褪了下來，化作一個厲鬼，趴在地上像豬一樣地號叫。道士就用木劍砍下她的腦袋，鬼怪的身子隨即便作一縷濃煙，在地上滾成一團。道士拿出一個葫蘆，拔開塞子，放入煙中，葫蘆的嘴就像吸氣一樣，一會兒就把煙全吸進去了。道士把葫蘆蓋上，裝入袋中。眾人一看那張人皮，眉目手腳，無不齊備。道士就像捲起畫軸那樣把人皮捲起來，也裝入袋中，才告辭準備離去。

王生妻子拜倒在地，擋在門口，哭著乞求道士讓丈夫起死回生。道士婉拒說這可辦不到。陳氏更加悲傷，伏在地上不肯起來。道士沉思了很久，才說：「我的法術還淺，實在沒辦法起死回生，但我指點一人，求他或許能夠辦到。」陳氏連忙問是何人？道士說：「妳到市集，會看到一個瘋子，常常躺在糞堆上，妳去就跟他叩頭，苦苦哀求他，就算他怎樣侮辱妳，妳都不可以生氣，一定要照他的話去做。」

王生的弟弟也記住了道士的話，於是與道士拜別，跟嫂嫂一同去市集上。果然見一個瘋瘋癲癲的人在路上唱歌，他的鼻涕流了三尺，滿身汙穢，沒有人敢靠近。陳氏連忙雙膝跪地，爬到他面前。那瘋子笑著說：「夫人可是愛上我嗎？」陳氏苦苦哀求他救自己的丈夫。瘋子大笑說：「每個人都可以當妳的丈夫，幹嘛偏偏要救活那一個！」陳氏再次哀求。他卻說：「怪了，人死了卻要求我讓他活，我是閻王嗎？」憤怒地用拐杖打陳氏，陳氏忍著痛承受著。市集上的人都漸漸聚攏了來看，圍成一道人牆。只見那瘋子咳出一堆濃痰聚在手裡，舉到陳氏面前說：「妳把它吃了！」陳氏臉漲得通紅，顯得很為難。但轉念想起道士的囑咐，於是很勉強地吃下去。只覺得痰進入喉中，硬如一團棉絮，咯咯地吞下去，卻聚在胸間再也下不去。那瘋子大笑：「這美人愛我！」於是爬起來，頭也不回地走了。

陳氏連忙跟著他，走進一座廟中，急急忙忙地想要再求他，卻不知那瘋子到哪裡去了。她前後找遍，一點蹤跡也沒有，只好又愧又悔地回家。想到丈夫慘死，又後悔當眾吃下瘋子吐的痰，不斷哀哀哭泣，只想也趕快去死。她剛要清理丈夫的血跡，收殮屍體，只見家人都呆呆地站著，沒有人敢靠近。陳氏抱著丈夫的屍體，哭著把流滿一地的腸子邊整理邊塞回屍身。這時她早已聲嘶力竭，突然感覺想要嘔吐。只覺得塞在胸間聚結的東西從嘴中奔突而出，等她回過頭來看，那團東西正落在王生的胸中。她很驚訝地查看，竟是一顆人心，在丈夫胸中還突突的跳動，熱氣騰騰，像冒煙一樣。陳氏大為驚奇，連忙用手把丈夫的胸膛聚攏，用力地擠在一起，等手稍微放鬆，從縫隙中好像冒出嗤嗤的熱氣。她急忙撕開衣服把丈夫的身子纏緊，用手撫著屍體，覺得屍體漸漸有了體溫。她又把被子蓋上，到半夜掀開來看，覺得丈夫鼻中有了氣息。天亮時，丈夫竟然又活過來了。王生自己還說：「恍惚好像在做夢，只覺得心口隱隱作痛。」陳氏查看當初胸腹剖開的地方，只有像錢那麼大的一塊疤，已經都癒合了。

異史氏說：「愚蠢啊，世人！明明是妖怪，卻以為是美人。迷惘啊，世人！明明是忠言，卻以為是胡說。貪戀別人美色而謀奪的人，自己的妻子也只好吃人家的唾痰而覺得甘甜。天理是有因果循環的，報應不爽。只是愚蠢又迷惘的人沒醒悟罷了，真是可悲啊！」

◈太原王生，早行，遇一女郎，抱襆獨奔，甚艱於步。急走趁之，乃二八姝麗。心相愛樂。問：「何夙夜踽踽獨行？」女曰：「行道之人，不能解愁憂，何勞相問。」生曰：「卿何愁憂？或可效力，不辭也。」女黯然曰：「父母貪賂，鬻妾朱門。嫡妒甚，朝詈而夕楚辱之，所弗堪也，將遠遁耳。」問何之？曰：「在亡之人，烏有定所。」生言：「敝廬不遠，即煩枉顧。」女喜，從之。生代攜襆物，導與同歸。女顧室無人，問：「君何無家口？」答云：「齋耳。」女曰：「此所良佳。如憐妾而活之，須祕密，勿洩。」生諾之，乃與寢合，使匿密室。過數日，而人不知也。

生微告妻。妻陳，疑為大家媵妾，勸遣之，生不聽。偶適市，遇一道士，顧生而愕，問：「何所遇？」答言：「無之。」道士曰：「君身邪氣縈繞，何言無？」生又力白，道士乃去，曰：「惑哉！世固有死將臨而不悟者！」生以其言異，頗疑女，轉思明明麗人，何至為妖，意道士借厭禳以獵食者。

無何，至齋門，門內杜，不得入。心疑所作，乃踰垝垣，則室門亦閉。躡跡而窗窺之，見一獰鬼，面翠色，齒巉巉如鋸。鋪人皮於榻上，執采筆而繪之。已而擲筆，舉皮，如振衣狀，披於身，遂化為女子。睹此狀，大懼，獸伏而出。急追道士，不知所往。遍跡之，遇於野，長跪乞救。道士曰：「請遣除之。此物亦良苦，甫能覓代者，予亦不忍傷其生。」乃以蠅拂授生，令掛寢門。臨別，約會於青帝廟。

生歸，不敢入齋，乃寢內室，懸拂焉。一更許，聞門外戢戢有聲。自不敢窺也，使妻窺之。但見女子來，望拂子不敢進；立而切齒，良久乃去。少時，復來，罵曰：「道士嚇我。終不然，寧入口而吐之耶！」取拂碎之，壞寢門而入，徑登生床，裂生腹，掬生心而去。妻號。婢入燭之，生已死，腔血狼藉。陳駭涕不敢聲。

明日，使弟二郎奔告道士。道士怒曰：「我固憐之，鬼子乃敢爾！」即從生弟來。女子已失所在。既而仰首四望，曰：「幸遁未遠。」問：「南院誰家？」二郎曰：「小生所舍也。」道士曰：「現在君所。」二郎愕然，以為未有。道士問曰：「曾否有不識者一人來？」答曰：「僕赴青帝廟，良不知。當歸問之。」去，少頃而返，曰：「果有之。晨間一嫗來，欲傭為僕家操作，室人止之，尚在也。」道士曰：「即是物矣。」遂與俱往。仗木劍，立庭心，呼曰：「業魅！償我拂子來！」嫗在室，惶遽無色，出門欲遁。道士逐擊之，嫗仆，人皮劃然而脫；化為厲鬼，臥嗥如豬。道士以木劍梟其首，身變作濃煙，匝地作堆。道士出一葫蘆，拔其塞，置煙中，飀飀然如口吸氣，瞬息煙盡。道士塞口入囊。共視人皮，眉目手足，無不備具。道士卷之，如卷畫軸聲，亦囊之，乃別，欲去。

陳氏拜迎於門，哭求回生之法。道士謝不能。陳益悲，伏地不起。道士沉思曰：「我術淺，誠不能起死。我指一人，或能之，往求必合有效。」問何人？曰：「市人有瘋者，時臥糞土中，試叩而哀之，倘狂辱夫人，夫人勿怒也。」

二郎亦習知之，乃別道士，與嫂俱往。見乞人顛歌道上，鼻涕三尺，穢不可近。陳膝行而前。乞人笑曰：「佳人愛我乎？」陳告之故。又大笑曰：「人盡夫也，活之何為？」陳固哀之。乃曰：「異哉！人死而乞活於我，我閻摩耶？」怒以杖擊陳，陳忍痛受之。市人漸集如堵。乞人咯痰唾盈把，舉向陳吻曰：「食之！」陳紅漲於面，有難色；既思道士之囑，遂強啖焉。覺入喉中，硬如團絮，格格而下，停結胸間。乞人大笑曰：「佳人愛我哉！」遂起，行已不顧。

尾之，入於廟中，追而求之，不知所在。前後冥搜，殊無端兆，慚恨而歸。既悼夫亡之慘，又悔食唾之羞，俯仰哀啼，但願即死。方欲展血斂尸，家人竚望，無敢近者。陳抱尸收腸，且理且哭。哭極聲嘶，頓欲嘔。覺鬲中結物突奔而出，不及回首，已落腔中。驚而視之，乃人心也，在腔突突猶躍，熱氣騰蒸如煙焉。大異之，急以兩手合腔，極力抱擠，少懈，則氣氤氳自縫中出。乃裂繒帛，急束之，以手撫尸，漸溫。覆以衾裯，中夜啟視，有鼻息矣。天明竟活。為言：「恍惚若夢，但覺心隱痛耳。」視破處，痂結如錢，尋愈。

異史氏曰：愚哉世人！明明妖也，而以為美。迷哉愚人！明明忠也，而以為妄。然愛人之色而漁之，妻亦將食人之唾而甘之矣。天道好還，但愚而迷者悟耳，可哀也夫。

第三部　如果現實比鬼界還恐怖

陰間種種，都是陽世的縮影。
無非反映人間希冀的理想與現實。

面目輪回

出自：《諧鐸》

京江有個讀書人叫做趙曾翼，他很有才華、文筆很好，受到當時的文壇看重。只是他一直覺得自己長得不好看，每次照鏡子的時候，總是自慚形穢，有一天有感而發，在牆上題詩：投箋我欲問閻君，面目廬山恐未真。若說左思多陋相，道旁擲果又何人？（我想投書問閻王，我的相貌恐怕弄錯了，如果說文采出眾的左思也長得醜陋，那麼美到在路旁被丟果子的潘岳又是誰呢？為什麼可以又帥又有才華？）他題完之後，滿肚子氣憤地躺臥床上，突然間，發現自己來到一個很像王宮的宮殿，旁邊有三棟房子，上面懸掛一個金字匾額，寫著「面目輪回」。趙曾翼正感到錯愕時，有一個書生，頭上戴高冠、身上穿道服，手上拿著兩本書，從屋裡緩緩地走了出來。他仔細一看，原來是舊友康錫侯。

康錫侯本來是浙中的名士，善於畫畫，經常受諸侯貴族邀請到家中作客，為他們畫像，趙曾翼和他曾是不分貴賤的好朋友。兩人一見面，他就詢問趙曾翼的近況，趙曾翼也反問起他近日的蹤跡。康錫侯說：「趙兄你不知道嗎？小弟已經過世很久了！因為生前還算善長繪畫，被轉輪王征召擔任幕下門客，凡是所有的眾生，都要先畫好他的耳目口鼻，然後才會降生到人世。」說著就把手中所拿的那兩本書展示給他看，說：「趙兄你看這些，就知道小弟耗費多少巧思、用盡多少苦心了。」

趙曾翼於是先看第一本，封面寫著「貴者相」：外表相貌都醜陋粗劣；稍微次等的，長得也大都是麻子臉、大鬍子、又黑又胖。趙曾翼繼續看第二本，封面寫著「賤者相」：裡面的人物都是面貌俊美，其至像女子一般，眉目之間雖然沒有女子那麼秀氣，但是卻有一種自認瀟灑可愛的姿態。趙曾翼看完以後覺得很不高興，說：「康兄手裡握著操控丹青造化之權柄，為什麼把貴賤的形貌、美陋顛倒成這個樣子呢？」康錫侯笑著說：「趙兄的見識未免太低下了吧？當今朝廷上那些執政的諸位公卿大臣，內在必定有可觀的才學，哪裡需要藉著外貌來謀求身分的尊貴和顯赫？至於那些家境貧困、身分低下的人，當貧窮匱乏無法自立更生時，假如能有一張俊俏的臉孔，上可以沐浴在王公貴族的恩寵，下也可以插身於粉黛美女之中，獲得一點同性情誼、成為男寵。這是我濟世救人的一番苦心，藉由繪畫造形來展現罷了！而且我看趙兄的面相，實在是貴不可言，如果只專注在修整容顏來取悅其他人，恐怕反而會長期處於貧賤困境之中，如何能夠發揮所長，在詞壇上嶄露頭角，在科舉上贏取功名呢？」

趙曾翼說：「你的言論太過分了，自古以來，晉朝的美男子潘安、三國時代的美男子衛玠、漢代的留侯張良，都是面貌俊秀得像女子似的，這些難道都是長期貧賤的人嗎？」康錫侯回答說：「潘安和山濤喝酒交惡之事，可說是遺臭千古；衛玠因為長相俊美，被路人圍觀而導致勞累過度致死，留下『看殺』的故事；張良如果不是後來跟隨赤松子學道，恐怕也會因功高震主而被殺害。總之，萬事過於完美，必定會招惹來造物者的忌恨，漫長人生還不如留點缺陷，讓往後的一生享有些福分，不好嗎？」趙曾翼聽完，沉默不語。康錫侯說：「如果你願意減損一些福氣來換取美貌，小弟也許還可以幫趙兄用筆修飾一下。」趙曾翼大喜，連忙向他求教。康錫侯從桌上拿起一枝筆，在趙曾翼的臉上稍做修飾，然後說：「可以了！」趙還不滿足，請他再多修個幾筆。康錫侯說：「小弟與趙兄十年交情，實在不忍心把你的面貌畫成餓死者的面相啊！」

兩人正在談論間，忽然聽到遠處有呵斥的聲音從殿上傳來，趙曾翼嚇得急忙退出去，不久就從夢中驚醒。此後，他的容貌長相愈來愈好看，可是文思卻漸漸削減；參加科舉考試三十餘年，最後仍是以諸生身分終老。

◈京江趙生，名曾翼，才華秀美，為藝林器重。而引鏡自照，實慚形穢，因題詩於壁曰：投箋我欲問閻君，面目廬山恐未真。若說左思多陋相，道旁擲果又何人？題畢，憤氣而臥，瞥至一處，類王者宮殿，旁有屋三楹，上懸金字匾額，題曰：「面目輪回。」錯愕間，一書生高冠道服，攜書兩冊，從內徐步而出。視之，乃故友康錫侯也。

康本浙中名士，以丹青作諸侯賓，趙曾締杵臼交。相見詢趙近狀，趙亦詰其蹤跡。康曰：「兄不知耶？弟厭世久矣！因生前頗善繪事，被轉輪王徵作幕客，凡一切眾生，先繪其耳目口鼻，然後降生人世。」因出手中兩冊示之，曰：「兄觀此，即知弟匠心之苦也。」

趙先觀第一冊，簽曰「貴者相」，狀貌類皆醜拙；稍次者，亦麻鬍黑胖。繼觀第二冊，簽曰「賤者相」，姣好如婦人女子，眉目間雖乏秀氣，而各有一種顧影自憐之態。因艴然曰：「兄操造化之權，何貴賤易形，美惡倒置若此？」康哂曰：「兄何見之卑也？當世台閣諸公，內美定有可觀，豈必藉外貌，圖尊顯？惟貧賤者流，困乏不能自立，俾得一副好面目，上可以沐貴人光寵，下亦插身粉黛場中，竊斷袖分桃之愛。此予救世之婆心，造形之善術也！且如相君之面，貴不可言。使但修容飾貌，取悅目前，恐亦長貧賤耳！何能拔幟詞壇，拾科第哉？」

趙曰：「君言過矣，自古安仁花縣，叔寶羊車，留侯貌如好女，豈盡長貧賤者？」康曰：「安仁、山公酗酒，千古尚有遺臭，衛叔寶被道旁人看殺，留侯非從赤松子游，恐亦卒繼鐘室之禍。總之，求全者必招造物之忌，何如姑留缺陷，為一生享福地乎？」趙默然不語。康曰：「如願減其福澤，弟尚能為兄筆削之。」趙大喜，求計。康取案上筆，向趙面目間，略加勾抹，曰：「可矣！」趙再請筆削。康曰：「弟與兄交好十年，不忍使兄竟作餓殍相也。」

談論間，忽聞呵殿聲至，趙皇遽而出，尋亦驚醒。嗣後面目漸佳，文思漸減；躓場屋三十餘年，卒以諸生老云。

關於《諧鐸》

作者沈起鳳（1741～?），清代筆記故事集。沈起鳳是當時著名戲曲家。本書雖多記鬼神精怪故事，但實則有強烈的批判性，作者是藉這些故事揭露社會黑暗，諷喻人情世態。

森羅殿點鬼

出自：《諧鐸》

李堡是我家鄉有名的進士，曾擔任甘肅會寧縣縣令，後改任安慶府學教授。他單身前去上任，由於前任縣令的家眷還沒搬離官舍，只好暫時住在縣內十王殿的廂房裡。一天晚上，李堡在睡夢中聽到大殿上人聲喧嚷嘈雜，於是起身偷看，只見殿上燈光燭火輝煌，許多官吏在兩旁列隊等候；一個紫臉紅鬍子、戴著高帽的人，捧著書冊侍立東邊。沒多久，一位穿著有如帝王的人上殿，眾官員依序輪流參拜。

那個大王說：「我已經三十年沒有檢查登記死者姓名的簿冊了，恐怕會滋生積弊，所以今天要好好核對一下，不能有任何隱瞞縱放的事情發生。」紫臉紅鬍子的官員一聽，立即捧著書冊呈上去。隨即就有一班身上帶著枷鎖的犯人從東廊走進大殿，一個個輪流唱名後，又步履蹣跚地從西廊出去了。接著清點《勾魂簿》，一連唱名四次，卻都無人答應。大王大怒：「催命鬼有八萬七千個，為什麼一個也不在？」紫臉紅鬍子的官員上前稟報說：「奉後殿轉輪王的命令，讓男的從醫，女的當妓人，都讓他們投胎轉世了。」閻王滿臉憂愁地說：「勾攝靈魂精魄，冥府自有裁定及限制，如今縱放那些傢伙毒害天下，恐怕到時候來報到的將會沒完沒了啊！」

接著清點《餓鬼簿》，有一個官吏趕緊趨前跪下稟告：「前段時間鬼門關守衛發生疏失，看守不嚴，餓鬼們乘機逃走，現在全都投生到人間了。」大王問：「他們都在人間做什麼？」官吏回答說：「大半都在做縣令。」閻王說：「那些傢伙在地獄裡，餓了千百年。如今一得志，必定狼吞虎咽，貪婪無道，只怕生靈沒有活口了！」那個官吏說：「這樣要不要派人去把那些傢伙捉回來？」大王猶豫思考了許久，說：「這樣太費力氣了，假如他們能夠忍住貪婪，就任由他去吧。要是死性不改、貪婪無度者，重者削去祿籍，讓他們的子孫生生世世當乞丐；輕者貶為閒官，讓他撈不到油水，終身受凍挨餓，打回本來的餓鬼的樣貌即可。」李堡從縫隙偷看，聽到這裡，忍不住失聲大笑。一時之間，所有的燈火燭光全部都熄滅，大殿上再沒有任何聲響。

後來，李堡在秦淮地區的客館遇到我，仔細地跟我講述這件事，並叮囑我把它記錄下來。

◈李君名堡，吾鄉名進士也，任甘肅會寧縣令，改補安慶府學教授。孑身赴任，而前任眷口未歸，暫寓十王殿廊下。一夕，聞殿上人聲鼎沸，李起窺之，見燈燭輝煌，胥吏輩兩班祗候；紫面赤髯，峨冠而帶者，捧冊侍立東隅。亡何，王者冕旒出，次第參謁。

王曰：「三十年不稽鬼簶，恐滋積弊。今當細核，毋稍隱縱。」紫面赤髯者即捧冊上呈。隨有荷枷帶鎖輩，由東廊魚貫而進，唱名畢，偃蹇從西廊出。繼點《勾魂簿》，唱名再四，無一人應者。王曰：「催命鬼八萬七千，何無一人在？」紫面赤髯者上前啟白曰：「奉後殿轉輪王命，俾男者為醫，女者為妓，盡托生人世矣。」王愀然曰：「勾魂攝魄，冥府自有定限，使若輩流毒天下，恐投到者無已時也！」

又點《餓鬼簿》。即有一胥吏趨前跽稟曰：「前鬼門關守者，失于防檢，諸餓鬼乘機逃去，今盡偷生陽世。」王問：「在陽世作何事？」曰：「大半作縣令。」王曰：「若輩埋頭地獄，枵腹垂千百年。今一得志，必至狼餐虎噬，生靈無噍類矣！」胥吏曰：「請仍押回可乎？」王沉吟久之，曰：「此亦大費事。能忍饑者，聽之；倘餓吻翕張，重者削其祿籍，俾子孫竄入卑田；輕者降作冷官，使凍餓終身，還其本相可也。」李伏隙以窺，不覺失聲大笑。一時燈燭盡滅，殿上絕無聲響。

後晤予於秦淮客館，詳述之，囑筆以紀其事。

公孫九娘

出自：《聊齋志異》

清朝的順治、康熙年間，山東因于七造反而受到牽連誅殺的人，以棲霞、萊陽兩縣的數量最多。有時候一天俘獲了幾百個人，全部在演武場中處死。碧血灑滿大地，白骨多到撐天。上面有官員大發慈悲，捐給亡者棺材，濟南城的工坊裡，棺材被購買一空。那些被屠殺的死者，大部分都葬在城南的郊外。

甲寅年的時候，一個萊陽的書生來到濟南城外，他有兩三個親友也在遭到屠殺的名單之中，所以他買了一些金銀紙錢，在荒野中焚燒，祭奠這些死去的親友，並在一座寺院裡租了一間房舍居住。第二天，他進城去辦事，到了天黑還未回來，忽然有一個年輕人到他住處拜訪，看到他不在，竟然就直接脫帽上床，穿著鞋子就仰臥在床上。僕人詢問他是誰，這個人閉著眼睛連理都不理。不久書生回來了，這時夜色昏暗模糊，看不清東西，書生親自到床前問他，這個年輕人瞪著眼睛說：「我在等你的主人。這麼嘮嘮叨叨地問個不停，難道我看起來像壞人嗎？」書生笑說：「主人就在這裡。」年輕人連忙站起來並戴上帽子，向主人行禮後才坐下，熱情地寒暄問候。

書生聽他的聲音覺得似曾相識，趕忙叫僕人點燈來看，原來是同縣的朱姓書生，也是死在于七案這場災難中。書生嚇了一大跳，急著後退逃跑，朱生拉住他說：「我和你曾經以文相交，為什麼這樣薄情寡義？我雖然是鬼，但對故友的情誼，始終牢記在心，沒有忘記。今天害你嚇一跳，希望不要因為人鬼殊途而對我猜忌懷疑。」書生聽他說完，才安心坐下，問他有什麼要求。朱生說：「你的外甥女獨自居住，尚未婚配嫁人，我很想和她結婚，多次請媒人去說親，她總是以沒有長輩同意來推辭，所以希望你能幫我說說好話。」

原來書生有一個外甥女，從小因為母親早逝，由書生家裡接來撫養，直到十五歲才回到父親身邊。後來她被鎮壓于七的官兵強擄到濟南，聽說父親被官府處死，就因為驚駭悲痛過度而過世了。書生聽到朱生求他幫甥女的婚事作主，就說：「她自己有父親，為什麼要來求我？」朱生說：「她父親的遺體及棺木已經被侄兒遷走了，現在不在此地。」書生又問：「那我外甥女平日依靠誰呢？」朱生說：「跟鄰居的老太太住在一起。」書生擔心活人無法幫鬼作媒，朱生說：「如果你答應的話，還要麻煩你走一趟。」於是站起來拉著書生的手。書生還在推辭，一邊問要去哪裡，朱生說：「你只要跟我走就好了。」書生只好勉強跟著他一起去。

兩人往北走了一里多的路，來到一個大村莊，看過去大約有幾百戶人家。兩人走到了一座宅院，朱生上前敲門，便有一個老太太出來，打開兩扇門，問朱生要做什麼。朱生說：「麻煩您轉告小姐，她的舅舅來了。」老太太馬上進去通報，沒多久就出來，邀請書生進去。老太太對朱生說：「兩間茅屋太窄，有勞公子在門外坐著等候。」書生跟著老太太進去，只看見一座半畝大小的荒廢院子，有並排的兩間小屋，外甥女站在門口哭著迎接他，書生也傷心落淚。

屋子裡的燈火微弱，只見外甥女容貌清秀，和活著時候沒兩樣，眼中還帶著淚花，她問起舅母和姑姑們的近況，書生回答：「大家都很好，只是妳舅母已經去世了。」外甥女又難過掉眼淚，說：「孩兒從小受舅舅和舅母的撫養，還沒有回報恩情，沒想到就先一步離開人世了，覺得萬分遺憾愧疚。去年，伯父家的大哥遷走了我爹的棺木，卻置我於不顧；我一個人在這幾百里外的異鄉，孤單地像隻秋天的燕子。舅舅不但沒有拋棄我這個可憐的孤魂，還燒金銀紙錢及布匹給我，孩兒都已經收到了。」

書生於是把朱生的話跟她說，外甥女低頭不語。老太太說：「朱公子先前拜託楊姥姥三番五次地來說親，老婆子我是覺得很好，可是小娘子不願意在沒有長輩同意下，草率地把婚事辦了，今天有舅舅來作主，總算能夠圓滿了。」正在談話之間，一個年約十七八歲的姑娘，後面跟著一個婢女，突然推門進來，一看到書生，轉身就要回去。外甥女拉著她的衣角說：「不用急著離開，這是我舅舅，不是外人。」書生向她行禮，那姑娘也整理了一下衣裳還禮。外甥女介紹說：「這是棲霞縣的公孫九娘，她父親以前也是大戶人家的子弟，現在跟我一樣窮愁失落，孤單不得意，所以常常和我來往。」書生偷看她一眼，見她笑起來的時候，兩道彎眉如同彎彎的秋月，嬌羞的時候，臉上的紅暈有如朝霞，美得像天仙似的。書生便說：「一看就知道是大戶人家的小姐，一般人家的姑娘哪能長得如此美麗。」外甥女笑著說：「她還是一位博學多聞的女學士呢，不論詩詞都很高明，我常常得到她不少的教導。」九娘微笑說：「這丫頭無緣無故亂說我壞話，舅舅聽了都要笑話。」外甥女又笑說：「舅母過世後，舅舅還沒續娶，像這樣的姑娘，應該滿意吧？」九娘笑著跑了出去，說：「這丫頭發瘋了！」就這樣離開了。雖然這只是兩個女孩子間的玩笑話，但書生卻真的很喜歡九娘。外甥女似乎察覺他的心意，便說：「九娘才貌無雙，舅舅倘若不嫌棄她是鬼魂，我就去向她母親求親。」書生大喜，但又擔心人和鬼難以婚配。外甥女說：「沒有關係，她跟舅舅有緣分。」書生於是告辭出來，外甥女送他離開，提醒說：「五天後，月明人靜時，我會派人去接你。」

書生到了門外，沒看到朱生。抬頭看著西天，半輪明月掛在天上，在昏黃的月光下，隱約認出來時的路徑。他看到一間朝南的房子，朱生坐在門前的石頭上，看到他來了，便站起來迎接他，說：「已經等你很久了，請到我家裡坐坐。」於是拉著書生的手進到屋子裡。朱生熱切地表示謝意，還拿出一個金杯、一百顆進貢朝廷的珍珠，說：「沒有其他值錢的東西，這點東西就當做謝禮。」接著又說：「家裡雖有些濁酒，只是陰間的東西，不能招待貴客，真是抱歉！」書生謙虛地表示感謝，然後告辭回家。朱生一直送到半路，兩人才分別。書生回到住的地方，寺院的和尚和家中僕人都來問他，他隨口說：「那有什麼鬼？都是瞎扯的，剛才我只是到朋友家喝酒。」

五天之後，朱生果然準時來了，穿著新鞋，搖著扇子，樣子十分高興。他剛進院子裡，遠遠地就對書生下拜行禮。兩人聊了一下，朱生笑說：「你的好事也談妥了，就在今晚舉行婚禮，麻煩你跟著我走吧。」書生說：「因為一直沒有得到回音，我還沒有準備聘禮，怎麼能夠匆忙舉行婚禮？」朱生說：「別擔心，這些我都已經幫你辦好了。」書生深表感謝，跟他一起去了。兩人一起走到朱生的家，看見外甥女穿著華麗，笑著出來迎接。書生問：「什麼時候成婚的？」朱生說：「已經過門三天了。」書生於是拿出朱生贈送的珍珠，送給外甥女當做嫁妝；外甥女再三辭謝以後才收下。她對書生說：「孩兒已經把舅舅的意思對公孫老夫人說了，老夫人很高興，不過她說，老婆子沒有其他的骨肉在身邊，不想要讓九娘遠嫁，希望今晚舅舅到她家入贅。她們家沒有其他男子，可以現在就和朱郎一起過去。」朱生於是帶領他前去。快走到村子盡頭，有一戶住宅敞開著大門，兩人走到裡面的廳堂。不久聽到有人說：「老夫人來了。」兩個丫鬟攙扶著老太太登上臺階。書生連忙要下跪叩拜，老夫人說：「老朽年邁，行動不便，不能行禮，就不用顧慮什麼禮節了。」於是指使丫鬟準備酒宴。朱生也叫家人另外準備菜餚，放在書生面前，又另外預備一壺酒，替書生倒酒。宴會上的酒菜，和人世間沒什麼兩樣，但主人只吃自己的，不會向客人勸酒、勸飯。酒宴結束後，朱生就離開了，丫鬟帶著書生到九娘的房間。一進屋裡，只見九娘點著花燭，專心等待，兩人一見面，濃情蜜意，無限恩愛。

九娘敘述自身的遭遇，原來他們母女二人是一起被押往京城，走到濟南附近，老母親受不了折騰而死去，九娘也跟著自殺。此時在枕上追述著往事，九娘傷心哽咽，無法入睡，順口吟出兩首詩：「**昔日羅裳化作塵，空將業果恨前身。十年露冷楓林月，此夜初逢畫閣春。**」（舊日的羅衣早已化為塵土，空自嗟嘆前身的因果報應。渡過十年風寒露冷的楓林歲月，今夜閨房裡才第一次有了溫暖的春天。）「**白楊風雨遶孤墳，誰想陽臺更作雲？忽啟鏤金箱裏看，血腥猶染舊羅裙。**」（冷清的白楊樹環繞著風吹雨打的孤墳，誰想到能在此處度過雲雨之歡。忽然打開那鑲金華麗的衣箱一看，裡面還有無法忘卻被血腥沾染的舊羅裙。）天快要亮了，九娘催促他說：「郎君該回去了，不然會驚動僕人們。」從此之後，書生白天回去，晚上過來，兩人情意流連。

有一天晚上，書生問九娘說：「這個村子叫什麼名字？」九娘回答：「叫做萊霞里，因為這裡埋葬的大多是棲霞、萊陽兩縣的新鬼，所以叫這個名稱。」書生聽了，忍不住深深嘆息。九娘悲傷地說：「我是離家千里的一縷柔魂，有如飄落無底深淵的蓬草，母女二人在異鄉孤苦無依，說出來只是讓人讓到悲傷。希望你能想著你我一夜的夫妻恩愛，把我的屍骨遷葬回你祖上的墳地，讓我百年之後也有個依託，那我就死而無憾了。」書生答應了。九娘又說道：「人和鬼終究異途，你也不宜於在這裡久留。」她取出一雙羅襪贈給書生，揮淚催他快離開。書生傷心地出了門，難過得如同喪魂失魄，心中惆悵，捨不得立即回去。他路經朱生家，就去敲朱生的門。朱生赤著腳出來迎接，外甥女也起來了，頭髮蓬鬆散亂，吃驚地問他發生什麼事。書生心裡難受，過了一會，才把九娘的話說了一遍。外甥女說：「就算舅母沒說，孩兒也日夜在思考這事，這裡畢竟不是人間，在此久住確實不妥。」於是大家相對哭泣，書生也只好含淚而別。

回到寓所，書生翻來覆去，直到天亮也不能入睡。他想去找九娘的墳墓，卻發現離開時忘記問清楚墓的標記；到天黑再去時，只見數不盡的荒墳累累，竟迷失了通往萊霞里的道路，只能哀嘆著返回。他打開九娘贈送的羅襪來看，誰知道羅襪一接觸風就粉碎了，像燒過的灰燼一樣，於是只能整理行裝東歸。

過了半年，書生心裡始終不能忘懷這件事，又前往濟南，希望能再遇到九娘。當他到了南郊，天色已晚。他把馬車停放在寺院的樹下，就急忙到墳地尋找。只見無數荒墳一個連著一個，荊棘荒草擾亂人的眼睛，中間夾雜著一點一點的鬼火，還有陰森恐怖的狐狸鳴叫聲，讓人膽顫心驚。書生懷著驚恐的心情回到寓所，此次舊地重遊讓他很失望，只好掉頭東返。他走了一里多的路，遠遠望見一個女子，獨自在高高低低的墳墓間行走，看她的神情和體態，很像是九娘，便揮鞭打馬趕上前去，走近細看，果然是九娘。書生下馬想和她說話，九娘竟然轉頭就走，好像素不相識一般，再向她靠近，九娘臉上露出怒色，舉起袖子遮住自己的臉。書生連忙大聲呼喚：「九娘！九娘！」九娘突然像煙一樣就消失不見了。

異史氏說：像香草一樣高潔的屈原自沉於汨羅江，血淚沾滿胸膛；晉獻公命太子申生討伐東山皋落氏，臨行前為他配金玦表示訣絕。申生是遭到父親厭棄了，淚水都浸透了泥沙。自古就有忠臣孝子，到死也未能得到國君和父親的理解原諒。公孫九娘難道也是因為萊陽生辜負了她移骨的託付，而胸中怨忿難解嗎？胸口這顆人心不可能掏出來給別人看，受到誤解實在冤枉啊！

◈于七一案，連坐被誅者，棲霞、萊陽兩縣最多。一日俘數百人，盡戮於演武場中。碧血滿地，白骨撐天。上官慈悲，捐給棺木，濟城工肆，材木一空。以故伏刑東鬼，多葬南郊。

甲寅間，有萊陽生至稷下，有親友二三人，亦在誅數，因市楮帛，酹奠榛墟，就稅舍於下院之僧。明日，入城營幹，日暮未歸。忽一少年，造室來訪，見生不在，脫帽登牀，著履仰臥。僕人問其誰何，合眸不對。既而生歸，則暮色曚曨，不甚可辨，自詣牀下問之，瞠目曰：「我候汝主人。絮絮逼問，我豈暴客耶！」生笑曰：「主人在此。」少年急起著冠，揖而坐，極道寒暄。

聽其音，似曾相識。急呼燈至，則同邑朱生，亦死於于七之難者。大駭卻走。朱曳之云：「僕與君文字交，何寡於情？我雖鬼，故人之念，耿耿不去心。今有所瀆，願無以異物遂猜薄之。」生乃坐，請所命。曰：「令女甥寡居無耦，僕欲得主中饋，屢通媒約，輒以無尊長之命為辭，幸無惜齒牙餘惠。」

先是，生有甥女，早失恃，遺生鞠養，十五始歸其家。俘至濟南，聞父被刑，驚慟而絕。生曰：「渠自有父，何我之求？」朱曰：「其父為猶子啟櫬去，今不在此。」問：「女甥向依阿誰？」曰：「與鄰媼同居。」生慮生人不能作鬼媒，朱曰：「如蒙金諾，還屈玉趾。」遂起握生手。生固辭，問：「何之？」曰：「第行。」勉從與去。

北行里許，有大村落，約數十百家。至一第宅，朱叩扉，即有媼出，豁開二扉，問朱何為。曰：「煩達娘子：阿舅至。」媼旋反，須臾復出，邀生入。顧朱曰：「兩椽茅舍子大隘，勞公子門外少坐候。」生從之入。見半畝荒庭，列小室二。甥女迎門啜泣，生亦泣。

室中燈火熒然。女貌秀潔如生時。凝眸含涕，遍問妗姑。生曰：「具各無恙，但荊人物故矣。」女又嗚咽曰：「兒少受舅妗撫育，尚無寸報，不圖先葬溝瀆，殊為恨恨。舊年伯伯家大哥還父去，置兒不一念；數百里外，伶仃如秋燕。舅不以沉魂可棄，又蒙賜金帛，兒已得之矣。」

生乃以朱言告，女俯首無語。媼曰：「公子曩託楊姥三五返。老身謂是大好；小娘子不肯自草草，得舅為政，方此意慊得。」言次，一十七八女郎，從一青衣，遽掩入；瞥見生，轉身欲遁。女牽其裾曰：「勿須爾！是阿舅，非他人。」生揖之。女郎亦斂衽。

甥曰：「九娘，棲霞公孫氏。阿爹故家子，今亦『窮波斯』，落落不稱意，旦晚與兒還往。」生睨之，笑彎秋月，羞暈朝霞，實天人也。曰：「可知是大家，蝸廬人那如此娟好。」甥笑曰：「且是女學士，詩詞俱大高。昨兒稍得指教。」九娘微哂曰：「小婢無端敗壞人，教阿舅齒冷也。」甥又笑曰：「舅斷絃未續，若個小娘子，頗能快意否？」九娘笑奔出，曰：「婢子顛瘋作也！」遂去。言雖近戲，而生殊愛好之。甥似微察，乃曰：「九娘才貌無雙，舅倘不以糞壤致猜，兒當請諸其母。」生大悅。然慮人鬼難匹。女曰：「無傷，彼與舅有夙分。」生乃出。女送之，曰：「五日後，月明人靜，當遣人往相迓。」

生至戶外，不見朱。翹首西望，月啣半規，昏黃中猶認舊徑。見南向一第，朱坐門石上，起逆曰：「相待已久。寒舍即勞垂顧。」遂攜手入。殷殷展謝，出金爵一、晉珠百枚，曰：「他無長物，聊代禽儀。」既而曰：「家有濁醪，但幽室之物，不足款嘉賓，奈何！」生撝謝而退。朱送至中途，始別。生歸，僧僕集問，生隱之曰：「言鬼者妄也，適赴友人飲耳。」

後五日，果見朱來，整履搖箑，意甚忻適。至戶庭，望塵即拜。少間，笑曰：「君嘉禮既成，慶在今夕，便煩枉步。」生曰：「以無回音，尚未致聘，何遽成禮？」朱曰：

「僕已代致之矣。」生深感荷，從與俱去。直達臥所，則甥女華妝迎笑。生問：「何時于歸？」朱云：「三日矣。」生乃出所贈珠，為甥助妝，女三辭乃受。謂生曰：「兒以舅意白公孫老夫人，夫人作大歡喜，但言：老耄無他骨肉，不欲九娘遠嫁，期今夜舅往贅諸其家。伊家無男子，便可同郎往也。」朱乃導去。村將盡，一第門開，二人登其堂。俄白：「老夫人至。」有二青衣扶嫗升階。生欲展拜，夫人云：「老朽龍鐘，不能為禮，當即脫邊幅。」乃指畫青衣，置酒高會。朱乃喚家人，另出肴俎，列置生前；亦別設一壺，為客行觴。筵中進饌，無異人世，然主人自舉，殊不勸進。既而席罷，朱歸。青衣導生去。入室，則九娘華燭凝待，邂逅含情，極盡歡昵。

初，九娘母子，原解赴都，至郡，母不堪困苦死，九娘亦自剄。枕上追述往事，哽咽不成眠。乃口占兩絕云：「昔日羅裳化作塵，空將業果恨前身。十年露冷楓林月，此夜初逢畫閣春。」「白楊風雨遶孤墳，誰想陽臺更作雲？忽啟鏤金箱裏看，血腥猶染舊羅裙。」天將明，即促曰：「君宜且去，勿驚廝僕。」自此晝來宵往，劈惑殊甚。

一夕，問九娘：「此村何名？」曰：「萊霞里。里中多兩處新鬼，因以為名。」生聞之欷歔。女悲曰：「千里柔魂，蓬游無底，母子零孤，言之愴惻。幸念一夕恩義，收兒骨歸葬墓側，使百世得所依棲，死且不朽。」生諾之。女曰：「人鬼路殊，君亦不宜久滯。」乃以羅襪贈生，揮淚促別。生淒然而出，忉怛若喪，心悵悵不忍歸。因過叩朱氏之門。朱白足出逆，甥亦起，雲鬢鬅鬆，驚來省問。生怊悵移時，始述九娘語。女曰：「妗氏不言，兒亦夙夜圖之。此非人世，久居誠非所宜。」於是相對汍瀾，生亦含涕而別。

叩寓歸寢，展轉申旦。欲覓九娘之墓，則忘問誌表；及夜復往，則千墳纍纍，竟迷村路，歎恨而返。展視羅襪，著風寸斷，腐如灰燼，遂治裝東旋。

半載不能自釋，復如稷門，冀有所遇。及抵南郊，日勢已晚，息駕庭樹，趨詣叢葬所。但見墳兆萬接，迷目榛荒，鬼火狐鳴，駭人心目。驚悼歸舍，失意遨遊，返轡遂東。行里許，遙見女郎，獨行丘墓間，神情意致，怪似九娘，揮鞭就視，果九娘。下騎欲語，女竟走，若不相識，再逼近之，色作怒，舉袖自障。頓呼「九娘」，則湮然滅矣。

異史氏曰：香草沉羅，血滿胸臆；東山佩玦，淚漬泥沙：古有孝子忠臣，至死不諒於君父者。公孫九娘豈以負骸骨之託，而怨懟不釋於中耶？脾鬲間物，不能掬以相示，冤乎哉！

有此一說

明末清初時，山東棲霞人于七家世顯赫，他的祖父是山東礦主富豪，外祖父是戚繼光，崇禎年間他曾考上了武舉。順治年間，他在山東地區兩次領導起義，第一次被招安，第二次則被鎮壓。由於清廷強力圍剿，株連甚廣，山東地區十幾萬民眾受到牽連死於這場屠殺。除了本篇之外，《聊齋》中有另一篇〈野狗〉也提到這件事。本篇故事雖然描述了人鬼未了的戀情，然而不管是開頭與結尾，都環繞著悽慘陰森的氣氛，將無辜枉死者孤苦無依的心情表達到極致。

葉生

出自：《聊齋志異》

淮陽有個姓葉的書生，不知其名和字。他的文章詞賦在當時可說無人能比，然而考運很不好，每次參加科舉考試總是名落孫山。正好關東的丁乘鶴來到淮陽擔任縣令，他偶然看到葉生的文章，覺得與眾不同，於是找葉生來談話，發現他談吐不凡，更是非常高興，便讓葉生在官府讀書，還時常給他錢財和米糧，救濟他家的生計。

科試的時候，丁公在負責督學的學使面前讚揚葉生，使他在科試中得到第一名，並獲得參加鄉試的資格。丁公對葉生的期望很大，鄉試一考完，丁公就要了葉生的文稿來看，拍案叫好。沒想到，時運捉弄人，文章雖然好，命運卻不佳，放榜以後，葉生還是鎩羽而歸，再一次落榜。他垂頭喪氣地回家，覺得愧對丁公的期望，身體日漸消瘦，神情呆滯，像個木偶人。丁公知道了他的狀況，把他召來安慰了一番，葉生淚流不停。丁公很同情他，跟他約定等自己三年任滿進京，帶著他一起北上應考。葉生非常感激，向丁公告辭回家，從此閉門苦讀，足不出戶。

沒過多久，葉生就病倒了，一直臥病在床。丁公經常派人去探視他、送東西給他，可是葉生服用了一百多帖藥，病情卻始終不見好轉。此時，丁公正巧因觸犯上司遭到免職，準備要離開淮陽。他寫了一封信給葉生，大意是說：「我已經決定要東歸回鄉了，之所以遲遲還沒動身上路，是為了等你同行。你如果早晨來到，我晚上就可以出發了。」葉生在病床上接到來信，拿著信哭得泣不成聲，他請送信人轉達說：「我的病很重，一時半刻很難立即痊癒，請您先走吧。」送信人回去把這些話告訴丁公。丁公不忍心丟下葉生自己先走，仍然決定慢慢等他。

過了幾天，看門的人忽然通報說葉生來了。丁公很高興地出來迎接並問候他，葉生說：「因為我的病，有勞先生久等，心裡怎麼想都覺得不安寧。幸好現在總算可以跟隨在您身邊了。」丁公於是整理行裝，第二天一早便上路出發。

回到了家鄉，丁公讓兒子拜葉生為師，日夜都和他在一起。丁公的兒子名叫做再昌，當時十六歲，還不會寫完整的文章，但是非常聰慧，任何文章只要看過兩三遍，就不會忘記。過了一年，在葉生指導下，公子便能夠落筆成文，加上丁公的力量，不久，他便考取秀才，進了縣學。葉生把自己過去準備科舉考試的模擬試題，全部抄錄下來教公子誦讀學習。考鄉試的時候，七個考題都在準備的模擬試題中，無一脫漏，於是公子順利考取第二名。

有一天，丁公感慨地對葉生說：「你只是發揮了一部分的才學，就讓我的兒子能夠功成名就，然而您這樣的賢才卻被長期埋沒，真是無可奈何啊！」葉生說：「大概是命中注定的吧！不過能託公子的福氣為文章吐口氣，讓天下人知道我半生的落魄，不是因為文章不好、才不如人，我的心願已經滿足了。更何況，人生能夠得到一個知己，也沒什麼遺憾了。何必非要脫掉布衣，換穿官服，才算是走運呢？」丁公考慮葉生長期客居外地，怕耽誤他參加歲試，便勸他回家。葉生聽完臉上顯現出暗淡哀傷、悶悶不樂的神情，丁公不忍心再勉強他，就叮嚀兒子到京城的時候，要為葉生捐錢買個監生。

後來，丁公子參加禮部會試，又一舉考中了進士，當上部中主政官。他帶著葉生一同赴任，早晚都在一起。過了一年多，葉生參加順天府鄉試，終於考中了舉人。剛好丁公子奉命派任主管南河公務，他就對葉生說：「這次派任的地方離你的家鄉不遠，先生已經考取功名，應該高高興興地衣錦還鄉。」葉生也很歡喜。於是選定吉日，丁公子和葉生一同啟程，到了淮陽縣界，丁公子命僕人用馬車送葉生回家。

葉生回到家，看見門前冷清蕭條，心裡非常難過。他慢慢走到院子裡，妻子正好拿著簸箕走出來，一看到葉生，嚇得丟下簸箕就跑。葉生哀怨地說：「我已經中舉人了！你我才三四年不見，怎麼突然不認識我了？」妻子遠遠地對他說：「你早就已經死了好多年，還說什麼中了舉人？之所以一直停放著你的棺木沒有下葬，是因為家裡貧窮而且兒子還太小。如今兒子阿大已經長大成人，正要選擇墓地安葬你，請你不要出來作怪嚇人。」葉生聽完，顯得非常驚訝而哀傷。他慢慢走進屋子裡，只見自己的棺材明明還停放在那裡，便一下撲倒在地上，瞬間消失得無影無蹤。妻子驚恐地看著，只見葉生原本身上的衣帽鞋襪像脫了殼似的撒落在地上。她悲慟不已，抱起地上的衣服傷心地大哭起來。

葉生的兒子從學堂中回來，看見門前拴著馬車，他問了車夫的來歷，嚇得急忙跑去告訴母親，母親便流著淚把剛才發生的事告訴他。母子又仔細詢問了護送葉生回來的僕人，才明白事情的來龍去脈。僕人回去後，向主人回報這件事，丁公子聽了以後，為之傷心落淚，立即乘著馬車到葉生的靈堂祭拜，並出錢修墓、辦理喪事，用舉人的葬禮安葬葉生。丁公子又送了葉家很多財物，並請家庭教師教葉生兒子讀書。後來，丁公子向學官推薦，一年後，葉生的兒子通過院試，入官學讀書。

異史氏說：魂魄追隨知己，竟然會不知道自己已經死了嗎？有人表示懷疑，我卻深信不疑。心意相同的痴情女子，可以離魂追隨情郎；真摯的友誼，也可讓分離的好友在夢中相會。更何況那些像繭絲、蠅跡的文章，都是讀書人嘔心瀝血的作品；那些像高山、像流水的的文章，則代表著讀書人的品格！唉！際遇總是難以預期，當時運不濟，心胸曠達、行跡磊落的人，只能空自對影愁嘆；高傲不屈、剛毅正直的人，只能搔著頭自惜自憐。可嘆窮厄困頓時，只會招來勢利小人的嘲侮。老是落榜的人，連鬚髮都被說是醜陋的；一旦名落孫山，文章更是被批評得處處是瑕疵。從古到今懷抱悲憤痛哭的人，只有獻和氏璧的卞和和你啊；整個世界賢愚倒置，能慧眼識才的伯樂是誰呢？禰衡抱著名帖到處求引薦任用，卻等到字都漫滅了也沒找到賞識者，只能翻來覆去，放眼四海茫茫，無容身之地。人生在世，只須閉著眼睛走路，任憑造物主安排而已。天下間氣宇不凡卻如葉生那樣落魄失意的才子，應該不少，只是去哪裡再找一個有慧眼的縣令，讓人甘願生死相隨呢？唉！

◈淮陽葉生者，失其名字。文章詞賦，冠絕當時，而所遇不偶，困於名場。會關東丁乘鶴來令是邑，見其文，奇之，召與語，大悅，使即官署受燈火，時賜錢穀恤其家。值科試，公游揚於學使，遂領冠軍。公期望綦切，闈後索文讀之，擊節稱嘆。不意時數限人，文章憎命，及放榜時，依然鎩羽。生嗒喪而歸，愧負知己，形銷骨立，痴若木偶。公聞，召之來而慰之，生零涕不已。公憐之，相期考滿入都，攜與俱北。生甚感佩，辭而歸，杜門不出。

無何寢疾。公遺問不絕，而服藥百裹，殊罔所效。公適以忤上官免，將解任去。函致之，其略云：「僕東歸有日，所以遲遲者，待足下耳。足下朝至，則僕夕發矣。」傳之臥榻，生持書啜泣，寄語來使：「疾革難遽瘥，請先發。」使人返白。公不忍去，徐待之。

逾數日，門者忽通葉生至。公喜，迎而問之。生曰：「以犬馬病，勞夫子久待，萬慮不寧。今幸可從杖履。」公乃束裝戒旦。

抵里，命子師事生，夙夜與俱。公子名再昌，時年十六，尚不能文，然絕慧，凡文藝三兩過，輒無遺忘。居之期歲，便能落筆成文，益之公力，遂入邑庠。生以生平所擬舉業悉錄授讀，闈中七題，並無脫漏，中亞魁。

公一日謂生曰：「君出餘緒，遂使孺子成名，然黃鐘長棄若何！」生曰：「是殆有命！借福澤為文章吐氣，使天下人知半生淪落，非戰之罪也，願亦足矣。且士得一人知己可無憾，何必拋卻白紵，乃謂之利市哉！」公以其久客，恐誤歲試，勸令歸省。生慘然不樂，公不忍強，囑公子至都為之納粟。

公子又捷南宮，授部中主政。攜生赴監，與共晨夕。逾歲，生入北闈，竟領鄉薦。會公子差南河典務，因謂生曰：「此去離貴鄉不遠。先生奮跡雲霄，錦還為快。」生亦喜。擇吉就道，抵淮陽界，命僕馬送生歸。

見門戶蕭條，意甚悲惻。逡巡至庭中，妻攜簸具以出，見生，擲具駭走。生淒然曰：「今我貴矣！三四年不覿，何遂頓不相識？」妻遙謂曰：「君死已久，何復言貴？所以久淹君柩者，以家貧子幼耳。今阿大亦已成立，將卜窀穸，勿作怪異嚇生人。」生聞之，憮然惆悵。逡巡入室，見靈柩儼然，撲地而滅。妻驚視之，衣冠履舄如蛻委焉。大慟，抱衣悲哭。

子自塾中歸，見結駟於門，審所自來，駭奔告母，母揮涕告訴。又細詢從者，始得顛末。從者返，公子聞之，涕墮垂膺，即命駕哭諸其室，出橐為營喪，葬以孝廉禮。又厚遺其子，為延師教讀。言於學使，逾年游泮。

異史氏曰：魂從知己竟忘死耶？聞者疑之，余深信焉。同心倩女，至離枕上之魂；千里良朋，猶識夢中之路。而況繭絲蠅跡，吐學士之心肝；流水高山，通我曹之性命者哉！嗟乎！遇合難期，遭逢不偶。行蹤落落，對影長愁；傲骨嶙嶙，搔頭自愛。嘆面目之酸澀，來鬼物之揶揄。頻居康了之中，則鬚髮之條條可醜；一落孫山之外，則文章之處處皆疵。古今痛哭之人，卞和惟爾；顛倒逸群之物，伯樂伊誰？抱刺於懷，三年滅字，側身以望，四海無家。人生世上，只須合眼放步，以聽造物之低昂而已。天下之昂藏淪落如葉生者，亦復不少，顧安得令威復來而生死從之也哉？噫！

梅女

出自：《聊齋志異》

封云亭是太行人，偶然到郡城裡，白天躺在旅店裡休息。他因為很年輕妻子就過世了，此時突然一陣寂寞的感覺湧上心頭，若有所思地發起呆來。就在放空凝視的時候，他突然看見牆上出現一個女子的身影，彷彿一幅畫掛上面。封云亭以為是自己想妻子想到精神錯亂，可是注視了許久，女子的身影始終不動，也沒有消失，他覺得很奇怪，於是起身細看，那身影居然變成真的；再走近看，發現是一個少女，只是愁眉深鎖，吐著長長的舌頭，還有一條繩索套著她的脖子。就在封云亭驚疑未定的時候，那女子像要從牆上緩緩走下來。封云亭知道自己遇上吊死鬼了，然而現在正是大白天的，他壯一壯膽，也就不怕了。他對那女子說：「姑娘如有果有什麼冤仇，小生可以盡力為妳效勞。」話一說完，那女子的身影就真的落下來，說：「你我二人萍水相逢，我怎麼能夠貿然麻煩你重大的事情呢？然而我在地底下的枯骨，舌頭始終縮不回去，圈在脖子上的繩索也無法去除，實在是苦不堪言。只求你幫我砍斷這房子的屋梁並燒掉它，如此就對我恩重如山了。」封云亭答應以後，那女子就消失了。

封云亭於是把店主人叫來，詢問剛才所見的靈異事件。主人說：「這個地方十幾年前是梅氏的住宅，有一天夜裡有小偷闖進來，被梅家的人捉住了，押送到縣府交由典史處置。沒想到典史接受了小偷三百錢的賄賂，誣賴梅家的女兒跟小偷通姦，要把梅女拘提到公堂上接受審問及查驗。梅女聽說之後，不甘心名節受辱，就上吊自殺，以示清白。不久，梅家夫婦也相繼離世，這間宅院就輾轉到了我手上，開了這間旅店。這幾年來，房客常說有看到一些怪異現象，只是一直找不到辦法解決。」封云亭就把女鬼的話告訴店主人。主人計算了一下，拆掉房子的梁柱工程浩大，而且要花費不少的錢財，自己恐怕負擔不起，封云亭於是慷慨解囊，資助拆梁換柱的費用。等到房子修好之後，封云亭依舊住在這間房子裡。

半夜裡，梅女再度現形，向封云亭表達感謝之意，她的臉上洋溢著喜氣，舉止之間，姿態動人。封云亭愈看愈喜歡，忍不住向她求愛。梅女慚愧地說：「鬼的陰氣，對你的身體有害，如果我們就這樣私合，那我生前所遭受的羞辱，豈不是連西江之水也洗不清嗎？我們將來肯定能夠結合，只是還不是現在。」封云亭急著問：「要到什麼時候？」梅女只是微笑卻不回答。封云亭又問：「要喝點酒嗎？」梅女說：「我不會喝酒。」封云亭說：

「面對著美人，卻只能大眼瞪小眼地對看，這有什麼滋味？」梅女說：「我生平的興趣，只有下馬棋。但只有兩個人下有點無聊，而這樣的深夜也找不到其他人一起下棋。漫漫長夜難以打發，暫且讓我跟你玩翻花繩的遊戲吧。」封云亭只好依著她。兩人促膝盤坐，叉開手指，梅女便翻弄起來，小小的線繩在梅女的手上竟然變幻無窮，時間一久，封生就錯亂了，不知道下一步該如何動作。梅女一邊用口令引導，一邊用表情示意，愈變愈奇，變化無窮。封生大笑地說：「這簡直是閨房裡的特技啊！」梅女說：「這玩法是我自己想出來的。只要有這兩條線繩，就可以編成各種花紋圖案，不過一般人不願意費心揣摩而已。」夜漸深沉，封云亭也有些疲倦，梅女催促著封云亭就寢，說：「我們陰間的人是不睡覺的，請你自己先休息吧。我稍微懂得按摩的技巧，希望讓我為你服務，幫你做個好夢吧。」封云亭聽從梅女的建議，讓梅女為他按摩。梅女雙手疊掌，輕揉慢搓，從頭到腳都按了一遍。纖纖小手所觸碰的地方，只覺得骨肉鬆軟，像喝醉一樣。不久，梅女輕握拳頭，輕輕搥搥，好像用棉絮團敲打般，只覺得渾身舒暢，無法言語形容；搥到腰部時，只覺得眼皮沉重，無法睜開；搥到大腿時，已經沉沉睡去。

封云亭一覺醒來，已接近第二天中午。起床後只覺全身筋骨輕鬆、神清氣爽，和平常不同，心裡更加愛慕梅女，於是繞著房子，對著牆壁呼喚她，卻沒有半點回應。太陽下山以後，梅女才又來了，封云亭急著問說：「妳住在什麼地方？我四處呼喊妳都找不到？」梅女說：「鬼哪有什麼固定的住所，總之在地底下就是了。」封云亭又問：「地下有這麼大的縫隙，可以讓妳容身的地方嗎？」梅女說：「鬼無視地，就如同魚無視水一樣。」封云亭緊緊握著梅女的手說：「如果能讓妳復活，就算要我傾家蕩產，我都願意。」梅女笑說：「也用不著傾家蕩產。」兩人又玩翻花繩到半夜，封云亭再次苦苦哀求，不斷向梅女求愛。梅女說：「你不要糾纏我，有個浙江妓女名叫愛卿，最近剛搬來這裡的北邊，長得風流標緻。明天晚上，我找她一起來，讓她陪你怎麼樣？」封云亭就答應了。

第二天晚上，梅女果然帶著一個少婦一起來，看起來大約三十歲，眼神嬌媚，風騷放蕩。三個人圍坐嬉笑，一起下馬棋。玩了幾局棋後，梅女起身說：「現在是你們的寶貴時光，我先離開了。」封云亭還想挽留她，但梅女一轉眼就消失了。於是封云亭和愛卿兩人便一起上床，共度雲雨之歡。封云亭詢問起愛卿的身世，愛卿含糊回應，不肯明說，只說：「你如果喜歡我，就用手指彈彈北邊的牆壁，輕輕喊『壺盧子』，我就會過來。如果喊了三聲沒有回應，那就是我沒空，就別再喊了。」天亮的時候，愛卿就隱入北牆中消失了。

第二天晚上，梅女獨自來了，封云亭問愛卿怎麼沒來。梅女說：「被高公子招去陪酒，所以無法過來。」兩人於是坐在燭光前聊起天來，聊著聊著，梅女似乎有話要說，但話到嘴邊卻欲言又止；封云亭再三追問，梅女只是哽咽流淚，始終不肯明言。封云亭只好勉強拉她翻線花，但還是無法打起精神，四更天的時候就離開了。此後，梅女常與愛卿一起到封云亭的住處，笑語聲通宵達旦，這事傳遍了全城，遠近皆知。

有位典史，家裡是浙江的世族，因妻子與僕人通姦，被他休掉了。他後來又娶了顧氏，兩人感情恩愛，不幸才結婚一個月就病死了，所以心裡時常思念她。他聽說封云亭有兩個鬼友，想向他打聽陰間的情況，於是專程騎馬來拜訪。剛開始，封云亭不肯答應，但同情典史的一片心意，又經不起他的苦苦哀求，便設筵席招待典史，答應晚上找鬼妓愛卿來商量。

日落天黑以後，封云亭走到北牆邊，輕敲牆壁小聲呼喚，還沒喊到第三聲，愛卿已經來了。誰知她抬頭一看見典史，臉色突然大變，轉頭就走。封云亭連忙上前攔住她。這邊典史一看到愛卿立刻火冒三丈，隨手抓起一個大碗就猛砸過去，在牆上摔個粉碎，一陣混亂，愛卿也消失了。封云亭嚇一大跳，不明所以，正要問發生什麼事，忽然一個老太太從暗處冒出來，指著典史大罵：「你這貪財害命的惡賊！你砸壞我的搖錢樹！得賠我三十吊錢！」接著舉起拐杖就打，不偏不倚地打在典史的頭頂。典史抱頭哀嚎：「那女子就是我妻子顧氏啊！我還為了她年輕早死而哀傷，沒想到她當鬼居然不守貞潔，當起鬼妓來！這和妳這個老太婆有什麼相關呢？」老太太大怒，喝斥說：「你本來不過是浙江的一個地痞無賴，花錢買官，戴上這頂官帽，鼻孔就倒豎起來朝天了？你當官有分辨什麼是黑白？只要袖子裡有三百錢賄賂你，就是你親爹！你這個天怒人怨的傢伙，死期就在眼前了！是你父母在陰司苦苦哀求，讓你的妻子進青樓當妓女，替你償還那些貪債，你都不知道吧？」說完，舉起拐杖又打，典史在地上打滾求饒。封云亭在一旁，又驚訝又著急，卻不知道如何排解，忽然間梅女從房中出現，瞪大眼睛，吐著舌頭，臉色大變，拔下頭簪就往典史頭上刺。封云亭更是嚇壞了，連忙用身體擋住典史。梅女還是氣憤不已，封云亭勸說：「他就算有罪，要是死在這裡，我恐怕也不好交待，請妳投鼠忌器，稍微替我著想吧！」梅女這才停手，拉著老太太說：「為了封郎，就暫時讓他留一口氣吧！」典史慌忙抱頭鼠竄而去。他回到衙門後頭痛不止，半夜就死了。

第二天晚上，梅女來了，歡欣鼓舞地說：「真是痛快！總算出了這口怨氣！」封云亭問：「妳和他有何仇恨？」梅女說：「之前曾經告訴過你，接受賄賂誣陷我通姦的，就是這個傢伙！我已經含恨多年了。我幾次想求你替我伸冤昭雪，總是自愧對你沒半點貢獻，所以才會欲言又止。昨天碰巧聽見有人打架，在一旁偷聽，沒想到正是我的大仇人！」封云亭驚訝地說：「原來他就是誣害妳的壞蛋！」梅女說：「他在這裡當了十八年的典史，我含冤而死也過了十六年。」封云亭問那個老太太是誰，梅女說：「只是妓院的老鴇。」封云亭又問起愛卿，梅女說：「鬧了一夜，她正在生病呢！」接著又開心地笑著說：「我當初曾說過我們兩人結合有期，那個日子離現在不遠了。你曾說過願意傾家蕩產讓我復活，還記得嗎？」封云亭說：「我的心意從未改變，現在依舊這麼想。」梅女說：「老實跟你說，在我死的那天，我就已經投胎到延安展孝廉家了。只因為大仇未報，所以魂魄一直滯留在這裡。請你用新布做一個袋子收著我的魂魄，讓我可以跟隨著你。你到延安向展家求婚，我保證他們一定答應。」封云亭擔心自己的家世跟展家相差懸殊，展家恐怕不答應。梅女說：「去吧，不用擔心。」封云亭於是照著她的話做。她又叮嚀封云亭說：「路上千萬別呼喚我，等到成婚的晚上，將那個小袋子掛在新娘子頭上，並呼喚：『不要忘記！不要忘記！』就可以大功告成了。」封云亭一一答應。等一切準備就緒，封云亭打開小袋子，梅女就跳了進去。

封云亭到了延安以後，四處打聽，果然有個展孝廉，她的女兒長得非常漂亮，就是罹患痴呆病，又常把舌頭伸出嘴唇外，像狗在喘氣一樣，所以雖然已經十六歲了，始終沒有人敢來提親。父母親擔心得快生病了。封云亭到了展家遞上名帖，介紹自己的家庭背景，然後找了媒人上門求親。展家非常高興，把封云亭招贅到家裡。舉行婚禮的時候，新娘子依然痴呆，什麼禮節也不懂，要兩個婢女一左一右扶著，才把她帶進了洞房。婢女們離開後，她竟然解開衣襟，露出乳房，對著封云亭傻笑。封云亭趕緊取出小布袋掛在新娘子頭上，低聲呼喚著：「不要忘記！不要忘記！」新娘聽到呼喚聲，凝視封云亭，漸漸沉思起來。封云亭笑著說：「妳不記得我了嗎？」又舉起小布袋給她看。新娘子這才清醒了，急忙掩上衣襟，兩人親熱地說笑起來。

第二天清早，封云亭上堂拜見岳父。展孝廉安慰他說：「我女兒痴呆無知，承蒙你不嫌棄，願意跟她成親，你如有意願，我家有不少聰明的婢女，看你喜歡那個，我一定相贈，決不吝惜。」封云亭努力解釋，說小姐並不傻。展孝廉反而狐疑起來。過沒多久，女兒也上堂來拜見雙親，舉止大方得宜，展孝廉更加驚異，女兒只微笑帶過。展孝廉仔細詢問其中原因，女兒害羞不敢說，還是封云亭從旁把事情經過大略述說。展孝廉更加高興，比以前更疼愛這個女兒，並讓兒子大成與封云亭一起讀書學習，所有物資供應都很豐盛。

過了一年多，大成逐漸對封云亭流露出瞧不起的態度，兩人的關係不再和睦；奴僕們也開始在主人面前說封云亭的壞話。展孝廉聽多了這些流言蜚語，也就慢慢疏遠封云亭了。展女覺察到這些細微的變化，就勸丈夫說：「丈人家終究不是長久的住處，那些長住在丈人家的，都是一些庸碌的廢物。趁現在還沒有正式決裂，不如早點回家吧！」封云亭覺得很有道理，於是向岳父告辭。展孝廉捨不得女兒，想要女兒留下，但展女不願意，雙方無法達成共識。於是，父親和兄長都生氣了，放話不提供車馬及其他資助。展女便拿出自己的首飾變賣，雇了車馬回家。後來展孝廉幾次邀女兒回娘家，展女堅持不去，直到封云亭中舉，兩家才恢復往來。

異史氏說：官位越低下的越是貪婪，這是人之常情嗎？那個典史收了三百錢就誣陷別人通姦，良知可說已經喪失殆盡了。所以上天奪其妻子，又讓她在陰間當了妓女，最後讓典史突然暴斃。唉！報應實在可怕啊！

◈封云亭，太行人。偶至郡，晝臥寓屋。時年少喪偶，岑寂之下，頗有所思。凝視間，見牆上有女子影，依稀如畫。念必意想所致。而久之不動，亦不滅，異之，起視轉真；再近之，儼然少女，容蹙舌伸，索環秀領。驚顧未已，冉冉欲下。知為縊鬼，然以白晝壯膽，不大畏怯。語曰：「娘子如有奇冤，小生可以極力。」影居然下，曰：「萍水之人，何敢遽以重務浼君子。但泉下槁骸，舌不得縮，索不得除，求斷屋梁而焚之，恩同山岳矣。」諾之，遂滅。

呼主人來，問所見。主人言：「此十年前梅氏故宅，夜有小偷入室，為梅所執，送詣典史。典史受盜錢三百，誣其女與通，將拘審驗。女聞自經。後梅夫妻相繼卒，宅歸於余。客往往見怪異，而無術可以靖之。」封以鬼言告主人。計毀舍易楹，費不貲，故難之，封乃協力助作。既就而復居之。

梅女夜至，展謝已，喜氣充溢，姿態嫣然。封愛悅之，欲與為懽。瞞然而慚曰：「陰慘之氣，非但不為君利，若此之為，則生前之垢，西江不可濯矣。會合有時，今日尚未。」問：「何時？」但笑不言。封問：「飲乎？」答曰：「不飲。」封曰：「對佳人，悶眼相看，亦復何味？」女曰：「妾生平戲技，惟諳打馬。但兩人寥落，夜深又苦無局。今長夜莫遣，聊與君為交線之戲。」封從之。促膝戟指，翻變良久，封迷亂不知所從。女輒口道而頤指之，愈出愈幻，不窮於術。封笑曰：「此閨房之絕技也。」女曰：「此妾自悟，但有雙線，即可成文，人自不之察耳。」更闌頗怠，強使就寢，曰：「我陰人不寐，請自休。妾少解按摩之術，願盡技能，以侑清夢。」封從其請。女疊掌為之輕按，自頂及踵皆遍。手所經，骨若醉。既而握指細擂，如以團絮相觸狀，體暢舒不可言：擂至腰，口目皆慵；至股，則沉沉睡去矣。

及醒，日已向午。覺骨節輕和，殊於往日，心益愛慕，繞屋而呼之，並無響應。日夕，女始至。封曰：「卿居何所，使我呼欲遍？」曰：「鬼無常所，要在地下。」問：「地下有隙，可容身乎？」曰：「鬼不見地，猶魚不見水也。」封握腕曰：「使卿而活，當破產購致之。」女笑曰：「無須破產。」戲至半夜，封苦逼之。女曰：「君勿纏我。有浙娼愛卿者，新寓北鄰，頗極風致。明夕，招與俱來，聊以自代，若何？」封允之。

次夕，果與一少婦同至，年近三十已來，眉目流轉，隱含蕩意。三人狎坐，打馬為戲。局終，女起曰：「嘉會方殷，我且去。」封欲挽之，飄然已逝。兩人登榻，于飛甚樂。詰其家世，則含糊不以盡道，但曰：「郎如愛妾，當以指彈北壁，微呼曰：『壺盧子』，即至。三呼不應，可知不暇，勿更招也。」天曉，入北壁隙中而去。

次日，女來。封問愛卿。女曰：「被高公子招去侑酒，以故不得來。」因而翦燭共話，女每欲有所言，吻已啟而輒止；固詰之，終不肯言，欷歔而已。封強與作戲，四漏始去。自此二女頻來，笑聲常徹宵旦，因而城社悉聞。

典史某，亦浙之世族，嫡室以私僕被黜。繼娶顧氏，深相愛好，期月殀殂，心甚悼之。聞封有靈鬼，欲以問冥世之緣，遂跨馬造封。封初不肯承，某力求不已，封設筵與坐，諸為招鬼妓。

日及曛，叩壁而呼，三聲未已，愛卿即入。舉頭見客，色變欲走。封以身橫阻之。某審視，大怒，投以巨椀，溘然而滅。封大驚，不解其故，方將致詰，俄暗室中一老嫗出，大罵曰：「貪鄙賊！壞我家錢樹子！三十貫索要償也！」以杖擊某，中顱。某抱首而哀曰：「此顧氏，我妻也。少年而殞，方切哀痛，不圖為鬼不貞。於姥乎何與？」嫗怒曰：「汝本浙江一無賴賊，買得條烏角帶，鼻骨倒豎矣！汝居官有何黑白？袖有三百錢，便而翁也！神怒人怨，死期已迫，汝父母代哀冥司，願以愛媳入青樓，代汝償貪債，不知耶？」言已又擊，某宛轉哀鳴。方驚詫無從救解，旋見梅女自房中出，張目吐舌，顏色變異，近以長簪刺其耳。封驚極，以身障客。女憤不已，封勸曰：「某即有罪，倘死於寓所，則咎在小生。請少存投鼠之忌。」女乃曳嫗曰：「暫假餘息，為我顧封郎也。」某張皇鼠竄而去。至署，患腦痛，中夜遂斃。

次夜，女出笑曰：「痛快！惡氣出矣！」問：「何仇怨？」女曰：「曩已言之：受賄誣姦，啣恨已久，每欲浼君，一為昭雪，自愧無纖毫之德，故將言而輒止。適聞紛拏，竊以伺聽，不意其仇人也。」封訝曰：「此即誣卿者耶？」曰：「彼典史於此，十有八年，妾冤歿十六寒暑矣。」問：「嫗為誰？」曰：「老娼也。」又問愛卿，曰：「臥病耳。」因黯然曰：「妾昔謂會合有期，今真不遠矣。君嘗願破家相贖，猶記否？」封曰：「今日猶此心也。」女曰：「實告君：妾歿日，已投生延安展孝廉家。徒以大怨未伸，故還延於是。請以新帛作鬼囊，俾妾得附君以往。就展氏求婚，計必允諧。」封慮勢分懸殊，恐將不遂。女曰：「但去無憂。」封從其言。女囑曰：「途中慎勿相喚，待合巹之夕，以囊挂新人首，急呼曰：『勿忘勿忘！』」封諾之。纔啟囊，女跳身已入。

攜至延安，訪之，果有展孝廉，生一女，貌極端好，但病痴，又常以舌出脣外，類犬喘日，年十六歲，無問名者。父母憂念成痗。封到門投刺，具通族閥，既退，託媒。展喜，贅封於家。女痴絕，不知為禮，使兩婢扶曳歸室。羣婢既去，女解衿露乳，對封憨笑。封覆囊呼之。女停眸審顧，似有疑思。封笑曰：「卿不識小生耶？」舉之囊而示之。女乃悟，急掩衿，喜共燕笑。

詰旦，封入謁岳。展慰之曰：「痴女無知，既承青眷，君倘有意，家中慧婢不乏，僕不靳相贈。」封力辨其不痴。展疑之。無何，女至，舉止皆佳，因大驚異。女但掩口微笑。展細詰之，女進退而慚於言，封為略述梗概。展大喜，愛悅逾於平時。使子大成與婿同學，供給豐備。

年餘，大成漸厭薄之，因而郎舅不相能；廝僕亦刻疵其短。展惑於浸潤，禮稍懈。女覺之，謂封曰：「岳家不可久居，凡久居者，盡闒茸也。及今未大決裂，宜速歸。」封然之，告展。展欲留女，女不可。父兄盡怒，不給輿馬。女自出妝貲貰馬歸。後展招令歸寧，女固辭不往。後封舉孝廉，始通慶好。

異史氏曰：官卑者愈貪，其常情然乎？三百誣姦，夜氣之牿亡盡矣。奪嘉耦，入青樓，卒用暴死。吁！可畏哉！

席方平

出自：《聊齋志異》

東安縣有個叫席方平的人，他父親名叫席廉，生性忠厚剛直。席廉和鄉里中某個羊姓財主有嫌隙，姓羊的死後幾年，席廉也生了重病，臨終前對家人說：「姓羊的買通陰間差役來打我了。」隨即全身紅腫，慘叫幾聲便斷了氣。席方平看到父親慘死，悲痛得吃不下飯，說：「我父親老實忠厚，不會說話，現在遭到惡鬼欺負，我要到陰間替父親申冤。」從此以後，他不再講話，時而呆坐，時而傻站著，像是痴傻了。原來，他的靈魂已經離開身體了。

席方平在恍惚間，覺得自己好像走出了家門，不知該往那兒走，見到路人，便打聽怎麼去縣城。過了不久他便到了城裡，他的父親已經被關進監獄。他趕到牢門口探望，遠遠地看見父親躺在屋簷底下，看上去已被折磨得不成樣子，席廉抬頭看見兒子來了，傷心流淚不已。他對席方平說：「姓羊的買通了監獄裡的大小官吏，沒日沒夜地打我，我這兩條腿都給打壞了。」席方平一聽火冒三丈，大罵獄吏說：「我父親就算有罪，自有王法來審判，怎能任由你們這夥小鬼亂來。」他說完走出監獄，揮筆就寫好了一紙狀子。剛好趁著城隍早上升堂，他闖進衙門喊冤，送上狀子。姓羊的得知後害怕了，用錢把衙門裡外都賄賂一番，才出庭對質。那城隍收了錢財，便說席方平所告之事沒有憑據，不接受他的狀子。

席方平一肚子冤屈沒處伸訴，連夜趕了一百多里路，來到了府城，向郡司申訴城隍和差役們循私枉法的事。案件拖延了半個月，才開庭審理。結果郡司把席方平給毒打一頓，又把狀子批給城隍覆審。席方平被押回縣裡，受盡種種酷刑，悲慘的冤屈鬱結難解。城隍怕他再次上告，派差役押送他回陽間。差役把他送到家門口就走了。席方平不甘心，沒進家門，又偷偷跑到閻王府，控告郡司和城隍貪贓枉法。

閻王立即下令把郡司和城隍傳來對質。那兩個官吏慌了，偷偷差遣心腹向席方平說情，答應送給他一千兩金子。席方平不為所動。過了幾天，客店主人對席方平說：「先生你太固執了。官員都向你求和了，你硬是不肯，聽說他們都給閻王送了禮，事情恐怕不太妙。」席方平認為這是道聽塗說，相信閻王會秉公執法，遂不太在意。沒過多久，有黑衣差役來傳喚他過堂。他上了公堂，只見閻王怒容滿面，還沒聽他申訴，立刻就喝令打他二十大板。席方平厲聲責問：「小人犯了什麼罪？」那閻王像沒聽見似的不理會。席方平受到鞭打，大喊著：「挨打算我活該，誰叫我沒有錢呢！」閻王更加惱怒，叫人帶他去受火床的刑罰。兩個鬼役把他揪下公堂，只見東邊臺階上有架鐵床，下面烈火熊熊，床板烤得通紅。鬼役剝光席方平的衣服，將他提起來丟到火床上，翻來覆去地揉捺折騰他。席方平痛得要命，筋骨皮肉都燒焦了，痛苦萬分，只求能快點死去。這樣折磨了一個時辰左右，鬼役說：「差不多行了。」把他扶起來，催他下床穿上衣裳，幸好還能一跛一跛地勉強走動。他回到公堂上，閻王問：「你還敢再告嗎？」席方平正氣凜然地說：「大冤還沒昭雪，我是不會死心的，說不再上告是欺騙您。我一定要告！」閻王又問：「你要告什麼呢？」席方平說：「我親身遭受的所有事，都要說出來。」

閻王更加惱怒，下令用鋸刀鋸開他的身子。兩個鬼卒把席方平拉到一根豎起的木頭柱子旁，柱子高八九尺，上頭平放了兩塊木板，木板上下有凝固的模糊血跡。鬼卒剛要把席方平綁起來，忽然聽到堂上大聲呼叫：「席方平！」兩個鬼卒立即把他押回堂上。閻王問說：「還敢再告嗎？」席方平回答：「一定要告！」閻王於是喝令趕快捉去支解。席方平被拉下去後，鬼卒用那兩塊木板把他夾住，然後綁在木頭柱子上。鋸刀剛下時，他感到腦殼漸漸裂開，痛得受不了，但他還是咬緊牙關不喊出聲。只聽見鬼卒說：「這個人真是個硬漢！」大鋸子隆隆地鋸到胸口，又聽到一個鬼卒說：「這個人是個大孝子，也沒犯什麼罪，我們將鋸子偏開一點，別鋸壞他的心。」席方平覺得鋸刃曲曲折折地往下，更加痛苦。沒多久，他的身子已裂成兩半。鬼卒剛解開木板，兩邊身子都撲倒地上。鬼卒上堂大聲稟報。堂上傳話說，把他身體合起來再拉去受審。兩個鬼卒將兩邊身子推起來合上，拖著就走。席方平覺得身上那條裂縫痛得好像又要裂開，剛走半步就跌倒了。一個鬼卒從腰間拿出一條絲帶給他，說：「你這麼孝順，這條帶子送給你吧。」席方平接過來綁在身上，馬上覺得身輕體健，不覺得疼了。他走上公堂，伏在地下，閻王又問他方才的問題。席方平恐怕再遭酷刑，便說：「不告了。」閻王立即下令把他送回人間。差役帶他走出北門，指給他回家的路，就轉身走了。

席方平心想，這陰間的衙門比陽間還黑暗啊，可惜沒有門路讓天帝知道。大家都說灌口二郎神聰明正直，還是天帝的親戚，如果到他那裡告狀一定有效。他暗自慶幸兩個差役已經回去，就轉身朝南而去。他正匆匆趕路時，那兩個差役又追了過來，說：「閻王懷疑你不肯回去，果然不出所料。」說著就抓他回去見閻王。席方平心想這下閻王要大發雷霆了，肯定會受到更殘酷的刑罰，不料閻王臉上毫無怒意，反而對席方平說：「你真是個大孝子！你父親的冤屈，我已經替他昭雪了。他現在已經投生在富貴人家，用不著你到處喊冤了。現在送你回陽間，賞給你千金家產、百歲壽命，這樣總該滿足了吧？」說著就把這些記在生死簿上，蓋上大印，還讓席方平親自過目。席方平道謝後，退出公堂。差役和他一道出來，一路上一邊催趕他快走，一邊罵道：「你這狡滑的傢伙，反反覆覆找麻煩，害老子來回奔波，累得要死。再這樣就把你捉進大磨盤裡，細細地碾成粉。」席方平瞪起眼睛怒斥道：「鬼東西！你們想幹什麼？我天生經得起刀砍斧鋸，受不了鞭打。我們回去問閻王好了，他要是讓我自行回家，那就不必勞駕你們來送。」說著就往回走。兩個鬼差害怕了，低聲下氣央求他回來。席方平故意一拐一拐走得很慢，沒幾步就停在路邊歇一下。差役雖然很生氣，卻不敢再發牢騷。

約莫走了半天，他們來到一個村莊，有戶人家大門半開著，差役招呼席方平一起坐下，席方平便在門檻上坐下來。兩個差役趁他不備，把他推入門裡。席方平驚魂稍定，一看發現自己已經轉生為嬰兒了。他氣得大哭，不肯吃奶，才三天就死了。他的魂魄飄飄蕩蕩，總忘不了要到灌口去，大約跑了幾十里路，忽然看見一輛用鳥羽裝飾的車馳來，旌旗如雲，劍戟林立，佔滿了大路。席方平趕忙穿過大路迴避，卻不小心沖撞了儀仗隊伍，被開路的馬隊捉住，捆送到車前。他抬頭看見車裡坐著一名年輕人，儀表堂堂，身材魁梧。他問席方平：「你是什麼人？」席方平滿腔冤憤正無處發洩，又猜想這人一定是大官，或許有能力斷人禍福，決定賞賜或懲罰，因此把親自遭受的苦楚，一一道來。車上那個年輕人聽完後，命人給席方平解開繩子，讓他跟著車隊走。不久到了一個地方，有十多名官員在路旁迎接拜見。車上那人一一和他們打招呼，然後指席方平對一位官員說：「這是下界的人，正想上你那兒告狀，應該及時替他解決。」席方平私下向隨從人員打聽，才知道車子上坐的是天帝的九王爺殿下，他所交代的官員就是二郎神。席方平打量一下二郎神，只見他身材修長，滿臉鬍鬚，不像世間傳說的那副模樣。九王爺走後，席方平跟著二郎神來到一所官署，他父親和姓羊的，以及陰間差役們全都在這裡了。過了一會，來了一輛囚車，裡頭走出幾個犯人，原來是閻王、郡司和城隍。眾人當場對質，席方平的控告句句屬實。三個官員嚇得瑟瑟發抖，有如蜷伏著的老鼠。二郎神提起筆來立即判決，不久便發下判決書，傳令讓案件相關人士都看清楚。

判決詞寫道：「經過查驗，閻王擔任地府的王爵，身受天帝鴻恩，應該廉潔奉公作為下屬表率，不應貪贓枉法，敗壞官府名聲。然而卻耀武揚威，只會誇耀官爵的尊貴；又貪又狠，竟然玷污人臣的操守。敲詐勒索，小民的骨髓全被榨幹；像鯨吞魚、魚吃蝦那樣以強凌弱，螻蟻般的弱小百姓生命實在可憐。應當提取西江江水，為你洗滌骯髒的肚腸，立即燒起東牆的鐵床，讓你也嚐嚐火烤的滋味。

「城隍和郡司身為地方官吏，奉天帝命令來管理冥界。雖說職位低下，但能夠不辭辛勞的人就能屈身奉公；即使被上司的權勢逼迫，有骨氣的人也不應屈服。而你們卻像鷹鷙那樣凶殘，上下勾結，全然不念生民貧困；又飛揚跋扈，狡詐如猴，連瘦弱的窮鬼也不放過。只會貪贓枉法，真是長著人臉卻有禽獸的心腸！應該要剔掉骨髓，刮去毛髮，先判處陰間的死刑，還應剝去人皮、換上獸衣，都投胎成牲畜。

「至於陰差鬼役，既然淪入鬼籍當差，便不是人類。本應在衙門裡修習行善，也許會再轉世為人；怎能在苦海中興風作浪，又犯下彌天罪孽？你們橫行霸道，陰險狠毒；發怒亂叫，狐假虎威，阻斷伸冤大道。在陰間施展淫威，人人都知道獄吏的厲害；助長昏官的殘暴，讓大家都害怕上頭的嚴酷官員。應當在法場上剁碎你們的四肢，再到湯鍋中撈取你們的筋骨。

「姓羊的為富不仁，狡猾奸詐。使錢行賄，金錢的光芒籠照地府，使得閻羅殿上晦暗不明；銅錢臭氣薰天，讓枉死城中，再無日月光明。殘餘的幾個臭錢還能驅使鬼役，神通廣大竟然能左右神明。必須沒收羊某的家產，來獎賞孝順的席方平。立即將以上人犯押往泰山東嶽大帝那裡依法執行。」

二郎神又對席廉說：「因為你的兒子孝順正直，你自己也秉性善良忠厚，所以再賜給你三十六年的陽壽。」然後就叫兩個差役送他們父子回家。席方平這才抄下那份判決詞，在路上父子兩人一同閱讀。

到家後，席方平先醒過來，叫家人撬開父親的棺蓋，屍體依舊僵直冰涼，等了一整天，才漸漸回溫復活。等到要再找抄錄的判決詞，卻已經沒看見了。從此，他們家日益富裕起來。三年之間就擁有良田遍野，而姓羊的子孫卻日漸衰敗，樓房田產都轉而落入席方平家。鄉里間有人買了羊家的田地，夜裡夢見神明呵斥說：「這是席家的產業，你怎敢佔有？」鄉人起初還不大相信，可是播種後，整年顆粒無收，於是只好轉賣給席家。席方平的父親一直活到九十多歲才死。

異史氏說：人人都在談論極樂世界，而不知道生與死是兩個世界，意識知覺都模糊了，況且人不知道是怎麼來到這個世界上的，又怎麼知道離開這個世界後要去哪裡；何況還死了再死，活了又活呢？忠誠孝順的意志確定後，卻能生生世世不變，席方平真是奇特啊，他真是了不起呀！

◈席方平，東安人，其父名廉，性戇拙。因與里中富室羊姓有郤，羊先死，數年，廉病垂危，謂人曰：「羊某今賄囑冥使搒我矣。」俄而身赤腫，號呼遂死。席慘怛不食，曰：

「我父樸訥，今見陵於強鬼，我將赴地下，代伸冤氣耳。」自此不復言，時坐時立，狀類痴，蓋魂已離舍矣。

席覺初出門，莫知所往，但見路有行人，便問城邑。少選，入城，其父已收獄中。至獄門，遙見父臥簷下，似甚狼狽，舉目見子，潸然涕流。便謂：「獄吏悉受賕囑，日夜搒掠，脛股摧殘甚矣！」席怒，大罵獄吏：「父如有罪，自有王章，豈汝等死魅所能操耶！」遂出，抽筆為詞。值城隍早衙，喊冤以投。羊懼，內外賄通，始出質理。城隍以所告無據，頗不直席。

席忿氣無所復伸，冥行百餘里，至郡，以官役私狀，告之郡司。遲之半月，始得質理。郡司扑席，仍批城隍覆案。席至邑，備受械梏，慘冤不能自舒。城隍恐其再訟，遣役押送歸家。役至門辭去。席不肯入，遁赴冥府，訴郡邑之酷貪。

冥王立拘質對。二官密遣腹心，與席關說，許以千金。席不聽。過數日，逆旅主人告曰：「君負氣已甚，官府求和而執不從，今聞於王前各有函進，恐事殆矣。」席以道路之口，猶未深信。俄有皂衣人喚入。升堂，見冥王有怒色，不容置詞，命笞二十。席厲聲問：「小人何罪？」冥王漠若不聞。席受笞，喊曰：「受笞允當，誰教我無錢耶！」冥王益怒，命置火牀。兩鬼捽席下，見東墀有鐵牀，熾火其下，牀面通赤。鬼脫席衣，擲置其上，反復揉捺之。痛極，骨肉焦黑，苦不得死。約一時許，鬼曰：「可矣。」遂扶起，促使下牀著衣，猶幸跛而能行。復至堂上，冥王問：「敢再訟乎？」席曰：「大冤未伸，寸心不死，若言不訟，是欺王也。必訟！」又問：「訟何詞？」席曰：「身所受者，皆言之耳。」

冥王又怒，命以鋸解其體。二鬼拉去，見立木，高八九尺許，有木板二，仰置其上，上下凝血模糊。方將就縛，忽堂上大呼「席某」，二鬼即復押回。冥王又問：「尚敢訟否？」答云：「必訟！」冥王命捉去速解。既下，鬼乃以二板夾席，縛木上。鋸方下，覺頂腦漸闢，痛不可禁，顧亦忍而不號。聞鬼曰：「壯哉此漢！」鋸隆隆然尋至胸下，又聞一鬼云：「此人大孝無辜，鋸令稍偏，勿損其心。」遂覺鋸鋒曲折而下，其痛倍苦。俄頃，半身闢矣。板解，兩身俱仆。鬼上堂大聲以報。堂上傳呼，令合身來見。二鬼即推令復合，曳使行。席覺鋸縫一道，痛欲復裂，半步而踣。一鬼於腰間出絲帶一條授之，曰：「贈此以報汝孝。」受而束之，一身頓健，殊無少苦。遂升堂而伏，冥王復問如前。席恐再罹酷毒，便答：「不訟矣。」冥王立命送還陽界。隸率出北門，指示歸途，反身遂去。

席念陰曹之暗昧尤甚於陽間，奈無路可達帝聽。世傳灌口二郎為帝勳戚，其神聰明正直，訴之當有靈異。竊喜兩隸已去，遂轉身南向。奔馳間，有二人追至，曰：「王疑汝不歸，今果然矣。」捽回復見冥王。竊意冥王益怒，禍必更慘，而王殊無厲容，謂席曰：「汝志誠孝。但汝父冤，我已為若雪之矣。今已往生富貴家，何用汝嗚呼為。今送汝歸，予以千金之產、期頤之壽，於願足乎？」乃註籍中，嵌以巨印，使親視之。席謝而下。鬼與俱出，至途，驅而罵曰：「奸猾賊！頻頻翻覆，使人奔波欲死！再犯，當捉入大磨中，細細研之！」席張目叱曰：「鬼子胡為者！我性耐刀鋸，不耐撻楚。請反見王，王如令我自歸，亦復何勞相送。」乃返奔。二鬼懼，溫語勸回。席故蹇緩，行數步，輒憩路側。鬼含怒不敢復言。

約半日，至一村，一門半闢，鬼引與共坐，席便據門閾。二鬼乘其不備，推入門中。驚定自視，身已生為嬰兒。憤啼不乳，三日遂殤。魂搖搖不忘灌口，約奔數十里，忽見羽葆來，旛戟橫路。越道避之，因犯鹵簿，為前馬所執，縶送車前。仰見車中一少年，丰儀瑰瑋。問席：「何人？」席冤憤正無所出，且意是必巨官，或當能作威福，因緬訴毒痛。車中人命釋其縛，使隨車行。俄至一處，官府十餘員，迎謁道左。車中人各有問訊，已而指席謂一官曰：「此下方人，正欲往愬，宜即為之剖決。」席詢之從者，始知車中即上帝殿下九王，所囑即二郎也。席視二郎，修軀多髯，不類世間所傳。九王既去，席從二郎至一官廨，則其父與羊姓並銜隸俱在。少頃，檻車中有囚人出，則冥王及郡司、城隍也。當堂對勘，席所言皆不妄。三官戰慄，狀若伏鼠。二郎援筆立判，頃之，傳下判語，令案中人共視之。

判云：「勘得冥王者，職膺王爵，身受帝恩，自應貞潔以率臣僚，不當貪墨以速官謗。而乃繁纓棨戟，徒誇品秩之尊；羊狠狼貪，竟玷人臣之節。斧敲斲，斲入木，婦子之皮骨皆空；鯨吞魚，魚食蝦，螻蟻之微生可憫。當掬西江之水，為爾湔腸，即燒東壁之牀，請君入甕。

「城隍、郡司，為小民父母之官，司上帝牛羊之牧。雖則職居下列，而盡瘁者不辭折腰；即或勢逼大僚，而有志者亦應強項。乃上下其鷹鷙之手，既罔念夫民貧；且飛揚其狙獪之奸，更不嫌乎鬼瘦。惟受贓而枉法，真人面而獸心！是宜剔髓伐毛，暫罰冥死，所當脫皮換革，仍令胎生。

「隸役者：既在鬼曹，便非人類。祗宜公門修行，庶還落蓐之身；何得苦海生波，益造彌天之孽？飛揚跋扈，狗臉生六月之霜；隳突叫號，虎威斷九衢之路。肆淫威於冥界，咸知獄吏為尊；助酷虐於昏官，共以屠伯是懼。當於法場之內，剁其四肢，更向湯鑊之中，撈其筋骨。

「羊某：富而不仁，狡而多詐。金光蓋地，因使閻摩殿上，盡是陰霾；銅臭熏天，遂教枉死城中，全無日月。餘腥猶能役鬼，大力直可通神。宜籍羊氏之家，以賞席生之孝。即押赴東岳施行。」

又謂席廉：「念汝子孝義，汝性良懦，可再賜陽壽三紀。」因使兩人送之歸里。席乃抄其判詞，途中父子共讀之。

既至家，席先蘇，令家人啟棺視父，僵尸猶冰，俟之終日，漸溫而活。及索抄詞，則已無矣。自此，家日益豐。三年間，良沃遍野，而羊氏子孫微矣，樓閣田產，盡為席有。里人或有買其田者，夜夢神人叱之曰：「此席家物，汝烏得有之！」初未深信，既而種作，則終年升斗無所獲，於是復鬻歸席。席父九十餘歲而卒。

異史氏曰：人人言淨土，而不知生死隔世，意念都迷，且不知其所以來，又烏知其所以去；而況死而又死，生而復生者乎？忠孝志定，萬劫不移，異哉席生，何其偉也！

第四部　鬼哪有這麼可愛

那些具有七情六欲、技藝才氣與善良品行的鬼，
他們是最有情、有趣的「靈魂」！

鬼傳絕唱

出自：《靈鬼志》

三國時期，曹魏的文學家嵇康不僅是「竹林七賢」之一，還很會彈琴。有一次，嵇康在燈下彈琴時，忽然出現一個人影，身長有一丈多高，穿著黑色衣服，腰上繫著皮帶。嵇康盯著他仔細看了好久，然後一口氣把燈吹熄，說：「我恥於和鬼魅爭奪光明。」

有一次，嵇康出門遠行，走了幾十里，來到一個叫月華亭的地方，就投宿在這裡。有人告訴他，這附近曾經發生過凶殺案，嵇康的個性瀟灑豁達，一點也不覺得害怕。到了一更時，他在亭子裡彈琴，連彈了幾支曲子，琴聲悠揚動人，突然間，聽到半空中有人叫好。嵇康一邊彈琴，一邊問說：「請問您是什麼人？」那人回答說：「我是一個已經亡故的人，不幸死在這裡，偶然聽到您在彈琴，琴聲清新悠揚，我生前最喜愛彈琴，所以來欣賞。我死的時候沒得到妥善的安葬，外形相貌都損毀了，不方便現形和您相見。然而我非常喜歡您的琴藝，忍不住躲在暗處看您，希望您不要厭惡害怕。如果可以，請您再彈幾首曲子吧！」

嵇康就又繼續為鬼魂彈琴，並說道：「夜已深沉，您怎麼還不現形與我相見？外表形貌的美醜，有什麼好在意的？」鬼魂於是現形，用手提著自己的頭說：「聽您彈琴，我覺得心情舒暢，彷彿又活了過來。」於是和嵇康談論琴藝、分享對音樂的心得，他的見識非凡，說得很有道理，並向嵇康說：「您可以把琴借我嗎？」鬼魂接過琴後，彈了一首《廣陵散》。嵇康聽完以後，請求鬼魂教他彈奏這首曲子，鬼魂細心教導，嵇康於是學會整首曲子。嵇康過去所學過的曲子，遠遠比不上這首曲子的精妙。鬼魂讓嵇康發誓，絕對不可以再把這首曲子教給別人。

一直到快天亮時，鬼魂向嵇康告別：「雖然我們只認識了一整夜，但就好像相處了一千年！現在我們將永別了，心裡實在感到十分悲傷惆悵。」

◈嵇康燈下彈琴。忽有一人，長丈餘，著黑單衣，革帶。康熟視之，乃吹火滅之曰。恥與魑魅爭光。

嘗行。去路數十里，有亭名月華，投此亭，由來殺人。中散心神蕭散，了無懼意。至一更，操琴，先作諸弄。雅聲逸奏，空中稱善。中散撫琴而呼之：「君是何人？」答云：「身是故人，幽沒於此。聞君彈琴，音曲清和，昔所好。故來聽耳。身不幸非理就終，形體殘毀，不宜接見君子。然愛君之琴，要當相見，君勿怪惡之。君可更作數曲。」

中散復為撫琴擊節，曰：「夜已久。何不來也。形骸之間。復何足計。」乃手挈其頭曰：「聞君奏琴。不覺心開神悟，怳若蹔生。」遂與共論音聲之趣，辭甚清辯，謂中散曰：「君試以琴見與。」乃彈《廣陵散》。便從受之，果悉得。中散先所受引，殊不及。與中散誓，不得教人。

天明，語中散：「相遇雖一遇於今夕，可以遠同千載，於此長絕，不勝悵然。」

關於《靈鬼志》

作者為東晉荀氏，其名不詳。本書所編所記皆鬼神怪異、佛教靈驗之事。原書已佚，散見《法苑珠林》、《太平御覽》、《太平廣記》等書。

有此一說

嵇康因得罪當權者司馬昭而被處死，死前彈了一首《廣陵散》，並且說後悔自己沒有把此曲傳授給人，讓這曲子成為千古絕唱，於是從此《廣陵散》聲名大噪，也出現了許多傳說。關於鬼傳授嵇康《廣陵散》的故事，有另一個版本，敘述嵇康大白天睡覺時，夢見一隻古代的鬼，自稱是黃帝伶人，求他收埋枯骨。嵇康醒來後按照夢中指引，去收葬了白骨。於是當天晚上鬼就來報恩，傳授他《廣陵散》曲子。（故事見《異苑》）

宦娘

出自：《聊齋志異》

溫如春是陝西秦地的世家子弟，從小就對彈琴情有獨鍾，即使出門在外，暫住在旅店裡，也沒有一時半刻離開琴。有一次，他外出到山西，途中路過一座古寺，便把馬繫在門外，打算到到廟裡暫做休息。他進了廟門，看見有一個穿著布袍的道士，盤腿坐在走廊上，竹製的手杖倚靠在牆上，花布袋子裡裝著一張古琴。溫如春一看到琴就見獵心喜，上前問道士說：「請問您也會彈琴嗎？」道士回答：「我喜歡彈琴，只是彈不好，希望能向專家學習。」於是把琴從布袋中取出來，遞給溫如春。溫如春接過琴仔細觀看，琴面上的紋理很漂亮，稍微試著撥一下琴絃，聲音清脆悠揚，溫如春很高興，隨手為道士彈奏一支小曲子。道士聽完微微一笑，似乎覺得不夠滿意。溫如春於是認真起來，把自己的看家本領都拿出來，賣力地彈了一曲。道士笑著說：「還不錯！還不錯！只是可能還不夠資格當貧道的老師。」溫如春聽他講話的口氣很大，就把琴還給他，請他彈奏幾曲。道士把琴接過來放在膝上，才輕輕撥動了幾下，就覺得好像有溫暖的風徐徐吹來；又過一會兒，彷佛百鳥群集，庭院裡的樹上站滿各種禽鳥。溫如春非常驚奇，就拜道士為師，請他傳授琴技，道士便把剛才的曲子又彈奏了三遍。溫如春側耳細聽，用心記憶，才稍微掌握了曲子的節奏，道士又讓他試著彈奏，並從旁加以引導，指點一些疏漏的細節，然後對他說：「學會了這些，在這個塵世間就找不到對手了！」從此以後，溫如春更是精心鑽研練習，終於成就一手絕技。

後來，溫如春動身返回秦地，來到離家還有幾十里的地方，因天色已晚，又下起暴雨，一時找不到投宿的旅店，看到路旁有個小村莊，就快跑過去。他進到村子裡，沒時間慢慢挑選，看見有一道門，便急急忙忙地進去躲雨。他進到廳堂裡，靜悄悄地好像無人居住，沒多久，有一個十七八歲的女子走出來，長得美如天仙，她抬頭看見有陌生人，驚嚇得跑回屋裡去。那時溫如春還沒有結婚娶親，對這個女子一見鍾情，心生愛慕之意。過了一會，一位老太太出來問他要做什麼，溫如春報上自己的姓名，並且請求借宿一晚。老太太說：「在這借住一晚是可以的，只是沒有床鋪，如果不覺得太過委屈自己，可以用乾草鋪在地上打地鋪。」沒過多久，老太太點了蠟燭過來，並幫忙把乾草鋪在地上，相當貼心周到。溫如春問她姓什麼，她說自己姓「趙」，又問剛才那位女子是什麼人，老太太說：「她叫宦娘，是我的侄女。」溫如春說：「我自不量力，癩蝦蟆想吃天鵝肉，想要求娶貴府宧娘，可以嗎？」老太太皺著眉頭，面有難色，說：「這件事恐怕無法答應你。」溫如春追問為什麼，老太太說：「很難解釋，我也不便多說。」溫如春感到失望，只好打消念頭。老太太走了之後，他看到草堆又溼又爛，很難躺在上面睡覺，就索性端坐著彈琴，來打發漫漫長夜。等到雨勢暫歇之後，天還沒亮，溫如春就直接回家了。

縣裏有個已經退隱的部郎葛公，很喜歡有才華的文人，溫如春有次偶然去拜訪他，他要溫如春現場彈奏幾首曲子。溫如春彈琴的時候，隱約看到簾幕後有個女子在偷聽，突然有一陣風吹開簾子，看到後面有一個大約十五歲的女孩子，外貌美麗，天下無雙。原來是葛公的女兒，乳名叫做良工，精通詞賦，是當地有名的美女。溫如春看到以後，心中湧現愛慕之情，回到家中跟母親說了，母親便請媒人到葛府提親。葛公嫌棄溫家的家世衰微，不願答應這場婚事。但良工自從聽了溫如春的琴音之後，心中暗自傾慕，時常期盼能夠再次聽到他的琴聲；然而溫如春因為求親不成，心情沮喪，從此不再踏進葛家大門。

有一天，良工在花園散步的時候，偶然撿到了一張舊紙箋，上面寫著一首〈惜餘春〉：

因恨成痴，轉思作想，日日為情顛倒。海棠帶醉，楊柳傷春，同是一般懷抱。甚得新愁舊愁，剷盡還生，便如青草。自別離，只在奈何天裡，度將昏曉。今日個蹙損春山，望穿秋水，道棄已拚棄了。芳衾妒夢，玉漏驚魂，要睡何能睡好？漫說長宵似年，儂視一年，比更猶少：過三更已是三年，更有何人不老！

（因為怨恨而痴迷，心思轉變成想念，每天為了情心神離亂。海棠花帶著醉意，楊柳感傷著春天消逝，都是相同的心情。真是新愁和舊恨，努力想要鏟除卻又長了出來，像青草生生不息一樣。自從離別後，我只能在百無聊賴的時光裡，一天一天的消磨度日。今日已把眉頭皺壞，把雙眼望穿，料想你已經拋棄我了。好不容易睡著做了美夢，卻總是被玉漏壺把夢驚醒，要怎麼才能睡得安穩？人家說長夜漫漫一晚像度一年，我看一年對比一更還嫌太少，度過三更如同度過三年，這樣如何不讓人年老？）

良工把這首詞吟詠了三四遍，心裡很喜歡，便把紙箋帶回房間，拿出精美的信箋，重新端正地抄了一遍，把它放在書桌上，過了一陣子要找，卻不見了，心想可能被風吹走了吧。好巧不巧，葛公從良工房門前經過，撿到了這張錦箋，還以為是良工寫的詞，看到詞句輕浮放蕩，心中很不高興，就用火燒掉了，只是不好說出來，希望趕快讓良工嫁人。這時，臨縣劉布政使的公子正好派人來提親，葛公心裡很高興，但還想親眼看一下這位公子，於是邀請劉公子到家裡來。劉公子來到葛府，身上的衣著華麗，外表長得英俊帥氣，葛公很滿意，熱情地款待他。不久，公子告辭離開，葛公發現他的座位下竟然遺留了一隻女孩子的繡花鞋，立刻憎惡劉公子的浪蕩輕薄，於是把媒人叫來，把這件事跟他說。劉公子雖然一再辯解，說這一定是誤會，但葛公不聽，最後拒絕了這門親事。

在這以前，葛公曾栽培了一種綠色的菊花，自己珍藏著不外傳，良工把這種綠菊花種在她的房間。不知道什麼原因，溫如春院子裡菊花也有一兩株變成綠色，朋友們得知這個消息，紛紛上門觀賞，溫如春也把這些綠菊當作寶貝。有天一大早，溫如春到花園看菊花，在花圃邊撿到寫著〈惜餘春〉這首詞的紙箋，拿起來反覆讀了幾遍，卻不知道這紙箋從哪裡來的。因為「春」是自己的名字，更加覺得疑惑，便在書桌上詳細地加注一些批評，評語寫得輕慢放蕩。剛巧葛公聽說溫如春的菊花變成了綠色，覺得很驚訝，於是親自到溫如春的書房拜訪，偶然看到桌上的紙箋，就順手拿起來閱讀。溫如春覺得自己的評語太過輕慢不雅，伸手強了回來並揉成一團。葛公雖然只讀了一兩句，就認出是女兒良工房門口撿到的那首〈惜餘春〉，心中大為疑惑，進而連溫如春的綠菊，也懷疑是女兒送給他的。葛公回家把這些事告訴給夫人，叫夫人審問良工。良工覺得受到冤枉，哭著要尋死，因為沒有證據，也無法證實。夫人擔心這件事要是傳出去會影響女兒的名聲，心想不如乾脆把女兒嫁給溫如春，葛公也贊成，便派人將此意告訴溫如春。溫如春知道後大喜過望。當天邀請許多親友，舉辦觀賞綠菊的宴會，會中焚香彈琴，直到深夜才結束。

等到回房就寢後，書僮聽到書房的琴自己發出聲響，開始還以為是其他僕人彈著玩的，後來發現沒有人去彈琴，才向溫如春報告。溫如春親自到書房察看，證實書僮沒有胡說。仔細聽那琴聲，有些生硬而不流暢，好像是想仿效自己彈琴，可是又沒有真的學會。溫如春點著蠟燭闖進房間，卻空無一人，什麼也沒看到。溫如春便將琴帶回自己的臥室，那一整夜，琴都沒有再發出聲音。溫如春認為彈琴的應該是狐仙，牠是想拜自己為師，向自己學琴，於是，溫如春每晚為牠彈奏一曲，並將琴放回原本的房間任牠彈撥，夜夜躲在一旁偷聽。到了第六七個夜晚，那琴聲已能彈奏出完整的曲調，足以讓人聆聽欣賞了。

溫如春迎娶良工為妻以後，兩人偶然談起過去的那首〈惜餘春〉詞，才明白他們能夠成親的原因，但始終不知道那首詞是從哪裡來的。良工聽到琴會自己彈奏的奇事，就去旁聽彈奏，說：「這不是狐仙，這個曲調淒切哀楚，應該是鬼聲。」溫如春不大相信，良工說她家裡有一面古鏡，可以照出鬼怪的原形。第二天，她便派人回去取來，等琴聲再次響起時，溫如春握著鏡子衝進書房，用燭火照明後，果然看到有個女子在房裡，慌忙地躲在房間角落，再也無法隱藏。溫如春仔細一看，原來是從前避雨時遇見的那位趙宦娘。溫如春大吃一驚，追問她原因。宦娘流著眼淚說：「當你們的媒人湊合你們，不能說對你們沒恩惠，為什麼要這樣苦苦相逼呢？」溫如春暫時收起鏡子，與宦娘約定不再躲避，宦娘答應了，溫如春才把古鏡收進鏡袋裡。宦娘坐得遠遠的，說：「我是太守的女兒，已經死了一百年，從小就喜歡琴和箏；箏已經算是很熟練了，但是琴卻苦無名師指點，所以在九泉之下一直感到遺憾。那次你冒雨闖進我家，偶然聽到你的琴聲，心中十分傾慕。你向我求親，我恨自己是鬼魂，不能服侍在你身邊，所以暗中撮合你們，讓你結成美好姻緣，來報答你對我的垂愛之情。劉公子遺留下來的紅繡鞋，還有那首〈惜餘春〉詞，都是我的傑作。我對老師的報答可以說是盡心盡力了。」

溫如春夫婦聽了，都非常感激地向她拜謝。宦娘又說：「你彈的琴，我多半都能領會了，可是還沒完全掌握其中的精神和道理。請你再為我彈一次吧！」溫如春答應了，一邊彈琴，一邊仔細講解指法。宦娘很高興，說：「我已經完全領悟了！」說著起身準備辭去。良工原本也會彈箏，聽宦娘說自己擅長彈箏，就請她彈奏一曲來聆聽，宦娘答應了，就當場演奏起來。宦娘彈的曲調和曲譜都非常精妙，不是人間所能夠聽到的。良工在一旁跟著打拍子，並請求宦娘傳授技巧。宦娘便拿筆寫下十八章的曲譜，接著又起身告辭。溫如春夫婦再三地苦苦挽留。宦娘悲悽地說：「你們夫妻人琴瑟和鳴，互為知己知音，感情深厚；我這樣薄命的人哪有這樣的福氣！如果還有緣分，我們下輩子再見了。」她將一卷畫像給了溫如春，說：「這是我的畫像，如果你沒忘記我這個媒人，可以懸掛在臥室，心情愉快的時候，就點一柱香，對著畫像演奏一曲，那我就能夠感受了！」說完，宦娘就走出房門，消失不見了。

◈溫如春，秦之世家也，少癖嗜琴，雖逆旅未嘗暫舍。客晉，經由古寺，繫馬門外，將暫憩止。入則有布衲道人，趺坐廊間，筇杖倚壁，花布囊琴。溫觸所好，因問：「亦善此耶？」道人云：「顧不能工，願就善者學之耳。」遂脫囊授溫。溫視之，紋理佳妙，略一勾撥，清越異常，喜為撫一短曲。道人微笑，似未許可，溫乃竭盡所長，道人哂曰：「亦佳亦佳，但未足為貧道師也。」溫以其言夸，轉請之。道人接置膝上，裁撥動，覺和風自來；又頃之，百鳥羣集，庭樹為滿。溫驚極，拜請受業，道人三復之。溫側耳傾心，稍稍會其節奏，道人試使彈，點正疏節，曰：「此塵間已無對矣。」溫由是精心刻畫，遂稱絕技。

後歸秦，離家數十里，日已暮，暴雨，莫可投止，路傍有小村，趨之。不遑審擇，見一門，匆匆遽入。登其堂，闃若無人，俄一女郎出，年十七八，貌類神仙，舉首見客，驚而走入。溫時未耦，繫情殊深，俄一老嫗出問客，溫道姓名，兼求寄宿。嫗言：「宿當不妨，但少牀榻，不嫌屈體，便可藉藁。」少旋，以燭來，展草鋪地，意良殷。問其姓氏，答云趙姓，又問女郎何人，曰：「此宦娘，老身之猶子也。」溫曰：「不揣寒陋，欲求援繫，如何？」嫗顰蹙曰：「此即不敢應命。」溫詰其故，但云：「難言。」悵然遂罷。嫗既去，溫視藉草腐溼，不堪臥處，因危坐鼓琴，以消永夜。雨既歇，冒夜遂歸。

邑有林下部郎葛公，喜文士，溫偶詣之，受命彈琴。簾內隱約有眷客窺聽，忽風動簾開，見一及笄人，麗絕一世。蓋公有女，小字良工，善詞賦，有豔名。溫心動，歸與母言，媒通之。而葛以溫勢式微，不許。然女自聞琴後，心竊傾慕，每冀再聆雅奏；而溫以姻事不諧，志乖意沮，絕跡於葛氏之門矣。

一日，女於園中拾得舊箋一折，上書〈惜餘春〉詞云：「因恨成痴，轉思作想，日日為情顛倒。海棠帶醉，楊柳傷春，同是一般懷抱。甚得新愁舊愁，剷盡還生，便如青草。自別離，只在奈何天裏，度將昏曉。今日個蹙損春山，望穿秋水，道棄已拚棄了。芳衾妒夢，玉漏驚魂，要睡何能睡好？漫說長宵似年，儂視一年，比更猶少。過三更已是三年，更有何人不老。」女吟詠數四，心好之，懷歸，出錦箋莊書一通置案間，踰時索之，不可得，竊意為風飄去。適葛經閨門過，拾之，謂良工作，惡其詞蕩，火之，而未忍言，欲急醮之。臨邑劉方伯之公子，適來問名，心善之，而猶欲一睹其人。公子盛服而至，儀容秀美，葛大悅，款延優渥。既而告別，坐下遺女舄一鉤，心頓惡其儇薄，因呼媒而告以故。公子亟辯其誣，葛弗聽，卒絕之。

先是，葛有綠菊種，吝不傳，良工以植閨中。溫庭菊忽有一二株化為綠，同人聞之，輒造廬觀賞，溫亦寶之。凌晨趨視，於畦畔得箋寫〈惜餘春〉詞，反覆披讀，不知其所自至。以「春」為己名，益惑之，即案頭細加丹黃，評語褻嫚。適葛聞溫菊變綠，訝之，躬詣其齋，見詞便取展讀。溫以其評褻，奪而挼莎之。葛僅讀一兩句，蓋即閨門所拾者也，大疑，並綠菊之種，亦猜良工所贈。歸告夫人，使逼詰良工。良工涕欲死，而事無驗見，莫有取實。夫人恐其跡益彰，計不如以女歸溫。葛然之，遙致溫。溫喜極。是日招客為綠菊之宴，焚香彈琴，良夜方罷。

既歸寢，齋童聞琴自作聲，初以為僚僕之戲也，既知其非人，始白溫。溫自詣之，果不妄。其聲梗澀，似將效己而未能者。爇火暴入，杳無所見。溫攜琴去，則終夜寂然。因意為狐，固知其願拜門牆也者，遂每夕為奏一曲，而設絃任操若師，夜夜潛伏聽之。至六七夜，居然成曲，雅足聽聞。

溫既親迎，各述曩詞，始知締好之由，而終不知所由來。良工聞琴鳴之異，往聽之，曰：「此非狐也，調悽楚，有鬼聲。」溫未深信。良工因言其家有古鏡，可鑑魑魅。翊日，遣人取至，伺琴聲既作，握鏡遽入，火之，果有女子在，倉皇室隅，莫能復隱。細審之，趙氏之宦娘也。大駭，窮詰之。泫然曰：「代作蹇修，不為無德，何相逼之甚也？」溫請去鏡，約勿避，諾之，乃囊鏡。女遙坐曰：「妾太守之女，死百年矣。少喜琴箏；箏已頗能諳之，獨此技未有嫡傳，重泉猶以為憾。惠顧時，得聆雅奏，傾心向往。又恨以異物不能奉裳衣，陰為君膕合佳偶，以報眷顧之情。劉公子之女舄，〈惜餘春〉之俚詞，皆妾為之也。酬師者不可謂不勞矣。」

夫妻咸拜謝之。宦娘曰：「君之業，妾思過半矣，但未盡其神理。請為妾再鼓之。」溫如其請，又曲陳其法。宦娘大悅曰：「妾已盡得之矣！」乃起辭欲去。良工故善箏，聞其所長，願一披聆。宦娘不辭，其調其譜，並非塵世所能。良工擊節，轉請受業。女命筆為繪譜十八章，又起告別。夫妻挽之良苦，宦娘悽然曰：「君琴瑟之好，自相知音；薄命人烏有此福。如有緣，再世可相聚耳。」因以一卷授溫曰：「此妾小像。如不忘媒妁，當懸之臥室，快意時，焚香一炷，對鼓一曲，則兒身受之矣。」出門遂沒。

蓮香

出自：《聊齋志異》

沂洲有個書生，姓桑，名曉，字子明，很小的時候父親就去世了，客居在紅花埠。桑生為人恬淡莊重，自命清高，白天除了去東鄰家吃飯，其餘時間就獨自在房裡靜坐而已。東鄰的書生來找他，開玩笑說：「桑兄你獨自一個人在房間裡，就不怕有鬼狐嗎？」桑生笑著回答：「大丈夫怎麼會怕鬼狐呢？若雄的來，我有利劍對付，若雌的來，就直接開門讓她進來就好了。」東鄰生回去，與朋友討論，決定要戲弄他，晚上請一個妓女用梯子爬過牆去，來到桑生房間，伸手輕輕敲門。桑生探著頭問來者是誰，妓女說：「我是一個女鬼。」桑生聽了以後大為驚恐，渾身發抖，牙齒上下打顫，發出聲響，妓女在門外來回走了一會就離開了。第二天，東鄰生一早就來到桑生書房，桑生立刻將半夜鬧鬼的事情告訴他，並說要離開這裡。東鄰生看著他慌張的樣子，拍手大笑說：「既然來的是個女鬼，你怎麼不開門讓她進來呢？」桑生聽了以後，才醒悟夜裡鬧鬼的事是他惡作劇，於是便安心地照常住下來。

大約過了半年，有一天半夜，有個女子到桑生房間敲門，桑生以為是朋友又想要戲弄他，於是開門讓那個女子進來。門一打開，出現一個容貌傾國的絕世美女。桑生驚問她從哪裡來，女子說：「我叫蓮香，是西邊鄰家的妓女。」當時紅花埠上的青樓妓院本來就很多，桑生也就信而不疑了，於是二人熄燭登床，親熱纏綿。此後，蓮香每隔三五天的晚上就會來一次。

一天晚上，桑生獨自坐在房裡沉思，突然有個女子輕輕地進了房間，桑生原本以為她是蓮香，站起來迎接她，正要說話的時候，看到那個女子的臉，才知道不是蓮香，這個女子大約只有十五六歲，雙袖低垂，垂散著頭髮，十分風流美麗，走起路來，輕盈飄逸，似進似退。桑生驚恐萬分，懷疑自己遇到狐狸精了。女子說：「我是良家女子，姓李。因為愛慕您的高尚風雅，特地前來相見，希望能得到你的喜愛。」桑生聽完轉驚為喜，伸手握住她的玉手，卻感覺冷得像冰一樣，問她手怎麼這樣涼，李女回答說：「我從小就體質單薄，加上來的路上霜露凝重，雙手早已凍僵，怎麼會不冷呢？」說完開始寬衣解帶，兩人上床纏綿，桑生發現她仍是處女之身。李女說：「我為了情緣而來，獻出處子之身。希望郎君不要嫌棄我醜陋，我願意時常來這裡相伴，只是不知房裡還有沒有其他人會來？」桑生回答：「沒有。只有一個西鄰的妓女偶爾會來，不過也不常來。」李女說：「這樣要心迴避，我跟那些娼妓不一樣，請你千萬不要洩露出去。如果她來我就走，她走了我再來，這樣就可以了。」一直到天亮公雞啼叫，李女才要離開，臨走前，把一隻繡花鞋送給桑生，跟他說：「這是我腳上所穿的繡鞋，拿在手上把玩它，可以遙寄思念之情。不過如果有其他人在，注意不要隨便拿出來擺弄。」桑生接過繡鞋，仔細賞視，尖尖的鞋尖往上翹，很像用來解繩結的錐子，愈看心裡愈喜歡。第二天傍晚，房裡沒人，桑生便拿出繡鞋，細細把玩欣賞，李女突然間輕飄飄地來到房間，於是二人便親熱溫存。從此以後，只要想念李女時，桑生就拿出繡鞋把玩，而女子似乎總能感應他的思念，沒多久就會出現。桑生有些疑惑，詢問她原因，李氏笑著說：「就只是剛好而已啦！」

一天晚上，蓮香來到房間，驚訝地問桑生：「你為什麼看起來精神不濟、氣色很不好？」桑生說自己不覺得有異樣，蓮香只好告別，約定十天後再見。蓮香走後，李女每個晚上都來，有一次她問桑生：「你的情人為何這麼久都沒來？」桑生告訴她和蓮香的十日之約。李女笑問：「你看我與蓮香相比，誰比較美？」桑生說：「妳們兩個都是絕色美人，不過蓮香的肌膚觸摸起來比較溫暖舒服一些。」李氏聽了很不高興，說：「你說我們兩個都很美，恐怕只是當著我面才這樣說；她一定長得像月宮仙子，我根本比不上。」因此心情有些低落、不大開心。算一算日子，十天的約期要到了，李女要桑生不要洩露，她要悄悄偷看蓮香到底有多美。隔天夜裡，蓮香果然來了，與桑生嬉笑言談，非常融洽。到了要睡覺時，蓮香大為驚駭地說：「糟糕！才十天不見，你怎麼更加神衰氣損、疲累成這個樣子啊？你確定沒發生其他的事情嗎？」桑生問她為什麼這樣說，蓮香說：「我從你的精神氣色來檢查，脈象虛亂如絲，這是被鬼纏身的症狀。」第二天夜晚，李女一進門，桑生就問：「妳偷看蓮香，看完覺得怎樣？」李女回答：「真的很美。我本來就覺得人間不可能有這麼漂亮的人，果然是個狐狸精！她走之後，我偷偷尾隨，原來她住在南山的山洞裡。」桑生懷疑李女在嫉妒，於是隨意應了幾句，沒放在心上。

隔了一夜，蓮香來了，桑生開玩笑說：「有人說妳是狐精，但我是絕對不相信的。」蓮香臉色一變，追問：「是誰說的？」桑生笑說：「我跟鬧著玩、開玩笑的。」蓮香說：「你知道狐狸和人有什麼不一樣？」桑生說：「被狐狸迷住的人都會生病，嚴重的話還會喪命，因此很可怕。」蓮香說：「不是這樣。像你這樣的年紀，行房三天後，精氣就會復原。縱使是狐狸，也不會有什麼害處。假如天天縱慾淫樂，那麼人比狐狸更可怕。天底下有那麼多病死的人，難道都是被狐狸迷惑而死的嗎？雖然你說是開笑的，我猜必定是有人在背後這樣說我。」桑生竭力辯解說沒有，蓮香反而更用力追問。最後不得已，桑生只好把李女的事情說出來了。蓮香說：「我本來就奇怪你為什麼精神氣色這樣衰弱，而且惡化的速度為什麼這麼快，難道李女不是人嗎？你先不要聲張，明晚我也像她偷看我那樣，在外面偷偷看她。」

當天晚上，李女來到房間，與桑生才說了幾句話，突然聽到窗外有人咳嗽，就匆匆忙忙離去。蓮香進屋對桑生說：「你有危險了！李女真的是鬼，如果還貪戀她的美色，不跟她斷絕來往的話，你就只有死路一條了！」桑生以為蓮香嫉妒李女，只是沉默不語。蓮香說：「我知道你放不下與她的感情，可是我也不忍心眼睜睜地看你死去。明天，我會帶藥來醫治你的陰毒。幸虧病根還不深，十天就可以痊癒，我要待在你身邊，看著你康復再走。」次夜，蓮香果然帶了一小包藥來，桑生服完藥後沒多久，就腹瀉了二三次，只覺得內臟清爽，精神舒暢。心中很感激蓮香，但始終不信自己的病是鬼作祟造成的。蓮香夜夜同床陪伴著桑生，他幾次求歡，都被蓮香拒絕。幾天後，桑生的身體恢復健壯，精神充沛。蓮香臨走前，再三囑咐桑生，一定要斷絕和李女的關係，桑生隨便敷衍著答應了。等到晚上關門點燈後，桑生又將繡鞋拿出把玩，李女就突然來了，幾天沒有見面，她一臉不悅。桑生說：「她這幾天一直在替我治病，請不要怨恨她，她也是關心我、對我好。」李女的臉色才稍稍緩和些。桑生在枕邊小聲說：「我非常喜愛妳，但是有人說妳是鬼。」李女聽了，張口結舌地說不出話，過了很久才罵說：「這一定是那隻淫蕩的狐狸精亂說話來迷惑你！你若不與她斷絕往來，我以後再也不來了。」說完就嗚嗚地哭了起來，桑生百般安慰，說了無數的好話，她才暫時罷休。

又過一夜，蓮香前來，得知李女又來過，氣得對他說：「你真的這麼想死嗎？」桑生笑著說：「妳為何這麼嫉妒她？」蓮香聽了更加憤怒：「你得了絕症，我為你醫治，我如果不嫉妒的話，你要怎麼辦？」桑生推說只是玩笑話，又說：「李女說我前幾日生病，是狐狸精作祟造成的。」蓮香嘆了一口氣說：「你說出這樣的話，可見你還是執迷不悟，將來萬一發生什麼事，我也百口莫辯，怎麼說也說不清。我們就此告別吧！一百天後，我會再來你的病床前探望。」桑生想要挽留她，但蓮香不聽，拂袖而去。

從此，李女每晚都來與桑生歡好。大約過了兩個多月，桑生開始覺得身體乏力，精神疲憊。起初，他還能自我安慰一下，後來，身體一天一天愈來愈憔悴，變得骨瘦如柴，每天只能喝一碗粥。他本想要回家養病，又眷戀著李女，捨不得離去，又過了幾天，病情加重，只能躺在床上無法下床。東鄰生見他病情嚴重，天天派書僮幫他送飲食。直到這時候，桑生才開始懷疑李女，有次直接對她說：「我後悔當時沒有聽蓮香的話，才會變成現在這樣啊！」說完就閉上眼睛昏了過去，過了一會甦醒過來，睜開眼睛四處張望，發現李女已經離開，從此再也沒來了。

桑生一個人躺在空蕩蕩的房間裡，思念著蓮香如同盼望著豐年一樣。一天，他正在思念蓮香時，忽然有人掀開門簾進來，原來是蓮香來了。蓮香走到病床前，笑著對他說：「鄉巴佬啊，我沒有騙你吧？」桑生哽咽了許久，才向蓮香道歉謝罪，並求她救治。蓮香搖搖頭：「你已經病入膏肓了，實在是無藥可救。我來只是想跟你訣別，也證明我並不是在嫉妒她。」桑生萬分悲痛，告訴她：「枕頭底下有件東西，勞煩妳幫我把它毀掉。」蓮香伸手從枕頭下摸出了一隻繡花鞋，便拿到燈下，反覆細看。李女忽然進來，一看到蓮香，轉身就想逃跑。蓮香用身體擋住了門，李女很窘迫著急，進退兩難，不知該往哪裡走。桑生連聲指責李女，李女無言以對。蓮香笑著說：「我今天才有機會與妳當面對質，先前妳說桑郎的病是我造成的，今天他變成這樣，妳要怎麼說？」李女低頭謝罪。蓮香說：「像妳這麼漂亮的女孩子，怎麼會因愛而結下仇怨呢？」李女跪在地上哭泣，懇求蓮香救桑生一命。蓮香把李女扶起來，仔細詢問她的生平遭遇，李女說：「我是李通判的女兒，不幸年紀輕輕就夭亡，就葬在牆外。雖然已經死了，但情絲未斷，與桑郎相好，是我的心願。致他於死地，實在不是出自我的本意。」蓮香說：「聽說鬼想要把人害死，死後在陰間就可以常在一起，是這樣嗎？」李女說：「不是。兩個鬼在一塊，實在沒什麼樂趣；如有樂趣的話，陰間的英俊少年郎難道會少嗎？」蓮香說：「妳真是太傻了！夜夜縱慾交歡，就算是人與人都受不了，何況是人與鬼呢？」李女也問：「聽說狐狸會害人致死，為何只有妳例外？」蓮香說：「那種狐狸是吸取人的精血元氣來補養自己，我不是那一類的狐狸。因此，世界上有不害人的狐狸，但絕對沒有不害人的鬼，因為鬼的陰氣太重了！」

桑生聽了她們的對話，才知道鬼、狐都是真實存在，幸虧跟她們二人相處已久，所以不會感到害怕，只是一想到自己已經奄奄一息，忍不住失聲痛哭。蓮香問李女要怎麼處置桑生，李女紅著臉搖頭道歉。蓮香笑說：「恐怕桑郎身體健壯後，醋娘子又要吃酸梅了。」李女整理衣襟，恭敬地說：「如有高明的醫生可以救他，使我不會對不起他，我一定乖乖地埋在地底下，哪裡還有臉再到人間來？」蓮香解開香囊，取出藥來，說：「我早就知道會有今天，跟桑郎分別後，我跑遍了三山採集草藥，耗費了三個多月，才把藥方的材料找齊，不管是重病快死的或是久治不癒的，服用後沒有不康復的。但是，病因從何而起，還要拿來當做藥引，這就不得不轉求妳的協助了。」李女問：「需要我做什麼？」蓮香說：「需要妳櫻桃小口中的一點唾液罷了，我會把藥丸放進他的嘴巴裡，要妳嘴對嘴用口水把藥送下去。」李女聽完害羞得雙頰泛紅，扭捏地轉過身低著頭，直盯著腳上的繡鞋。蓮香取笑她說：「妹妹最得意的就只有繡花鞋嗎？」李女更加羞慚，幾乎無地自容。

蓮香又說：「這不是妳平常最熟練的事情嗎？今天怎麼這麼拖拖拉拉的？」說完將藥丸放入桑生的口中，轉身催促李女。李女不得已，只好嘴對嘴地把口水送進桑生嘴裡。蓮香說：「不夠，再多唾一點。」李女又吐了一口口水，一連三四次，藥丸才被桑生吞進嚨喉裡。不一會，就聽到桑生的肚子像打雷似的響起來，蓮香又餵他服下一粒藥丸後，親自為他嘴對嘴吹氣。桑生覺得丹田發熱，精神漸漸煥發。蓮香說：「病好了。」這時公雞啼叫，要天亮了，李女才彷徨不安地告別離開。

蓮香因桑生大病初癒，還需安靜調養，如果還要到東鄰吃飯不是長久之計，就把院門反鎖，讓人誤以為桑生已回家養病，藉以斷絕與外界的來往，自己日夜守在身邊照護他。李女也是每天晚上都會來，在一旁勤快地協助桑生的飲食起居，她對待蓮香也像親姊姊一樣，蓮香也很疼愛她。過了三個月，桑生完全恢復健康，於是，李女一連好幾夜沒來，即使偶爾來了，也只是看一下就走，對坐聊天時，也總是悶悶不樂。蓮香曾多次留她下來一起共寢，她都堅決不肯。有一次桑生出門追上她，硬把她抱回來，只覺得她的身體輕如草人，李女跑不掉，於是就穿著衣服躺在床上，緊緊蜷曲著身體，看上去不到二尺長。蓮香更是愛憐她，示意桑生過去抱著她，只是怎麼也搖不醒，桑生便抱著她睡著了，等到醒來再找她時，又不見蹤影了。接下來十幾天，李女一直沒再出現，桑生非常思念她，經常拿出繡鞋來與蓮香一起把玩。蓮香嘆氣說：「姿態如此柔美的女孩子，連我看了都忍不住要憐愛她，何況你們男人呢？」桑生說：「以前只要把玩繡鞋，她立刻就會出現，那時候心裡雖然覺得疑惑，但始終沒想到她是鬼。現在對著繡鞋想起她的容貌，實在令人傷心。」說完忍不住流下眼淚。

在此以前，當地有個姓章的有錢人家，他的女兒小名叫燕兒，十五歲時因生病無法流汗而死，過了一夜又突然復活，她起身看看四周就要向外跑。章家人急忙把門關上，不讓她出去。燕兒大喊說：「我是李通判女兒的鬼魂，感謝桑郎的關愛，一隻繡鞋還在他那裡。我真的是鬼啊，你們把我關起來有什麼好處？」家人聽她說的話有些蹊蹺，就問她怎麼會來到這裡。燕兒低頭回想，又四處張望，自己也是茫然不解，不知道發生了什麼事。東鄰旁邊有人說桑生早就回家養病了，燕兒堅定地分辯說桑生沒有回去，家人非常懷疑。東鄰的書生聽到這件事，就偷偷翻牆到桑生的住處觀察，結果看到桑生正與一個美女說話，他就悄悄地闖進去，想要逼問桑生，但是匆忙慌亂之間，已經看不見美女的蹤影。東鄰生又驚又疑地詢問桑生，桑生笑著說：「我以前跟你說過，要是雌的來了，我就開門歡迎。」東鄰生於是把燕兒說的話轉述了一遍，桑生連忙開鎖出門，想要去章家打聽，但苦於沒有正當的理由，只好暫時放棄。

章母聽說桑生真的沒有回家，更覺得奇怪，就派僕婦去向桑生要繡鞋，桑生急忙將鞋交給她。燕兒見到繡鞋十分歡喜，立即伸腳試穿，發現繡鞋竟然比腳小了一寸多，大吃一驚，拿鏡子來看，才恍然大悟，原來自己是借屍還魂了。於是把以前發生的事仔細地說明，章母才相信了。燕兒對著鏡子大哭，說：「我以前對自己的容貌很有自信，但是每當看見蓮香姊，還總是覺得慚愧。現在變成了這個樣子，做人還不如做鬼啊！」說完拿著繡鞋嚎啕大哭，誰也勸不住，然後蒙上被子躺在床上。叫她吃飯，她也完全不吃，全身開始浮腫起來。就這樣七天不吃東西，也沒餓死，身上的浮腫漸漸消退後，她覺得餓到受不了了，才又開始吃飯。過了幾天，渾身發癢，脫了一層皮。早晨起床時，發現睡覺穿的鞋子掉在地上，想要撿起來穿，覺得鞋子很寬鬆。她又試穿以前的繡鞋，大小肥瘦正吻合，心中很歡喜；再拿鏡子來照，發現五官長相已經變得和過去一樣，更是高興。她連忙梳洗打扮去見母親，凡是看到她的人都非常驚訝。

蓮香聽到了這件奇聞，勸桑生託媒人向章家提親，桑生覺得兩家貧富懸殊太大，不敢貿然登門求親。不久，剛好遇到章母壽辰，桑生就以祝壽為名，隨著章家的子弟們前去章府。章母看到來賓名帖上有桑生的名字，就讓燕兒躲在簾子後辨認。桑生最後一個到，燕兒急忙上前，拉住他的衣袖，想要跟他一起回家。章母訓斥她一頓，燕兒才害羞慚愧地跑進屋裡。桑生仔細觀看燕兒，果然是李女再生，忍不住流淚，拜倒在地上。章母上前把他扶起來，並沒有因此輕視他。等桑生離開後，請燕兒的舅舅作媒，並提議挑選良辰吉日，招桑生入贅。桑生回去以後，把這件事告訴蓮香，並商量該怎麼辦，蓮香悵然失落了好一陣子，便向桑生告別辭去。桑生大吃一驚，眼淚跟著流下。蓮香說：「你被人家招贅成婚，我有什麼臉跟著一起去？」桑生想了一下，決定先把蓮香娶回家，再來迎娶燕兒，蓮香才同意了。桑生於是把實情告訴了章家，章家聽說他已有了妻子，生氣地斥責他，燕兒在一旁努力為桑生澄清解釋，章家才同意了桑生的請求。

到了大喜之日，桑生親自去迎娶燕兒，他家裡的擺設，本來很簡陋，但迎娶燕兒回來時，從大門到新房，全部鋪滿了毛毯，千百個燈籠及蠟燭，把家裡照耀得如同白晝。蓮香親自扶著新娘進入新房，揭起蓋頭，她們就歡喜得像從前一樣。蓮香陪伴他們喝合婚酒，仔細詢問還魂的奇事。燕兒說：「自從桑郎病癒後，心中始終鬱悶無聊，覺得因為自己是鬼而害了桑郎，沒臉再見你們。所以那天離開後，在悲憤之下決定不回墳墓，便隨風飄蕩。每當見到活人，就非常羨慕。白天躲藏在草叢裡，到了夜晚就漫無目的地到處遊蕩。偶然來到章家，看見一個少女躺在床上，就靠近附到她身上，沒想到竟然真的復活了。」

蓮香聽了，沉默了好久，好像在想些什麼。

過了兩個月，蓮香生下一個兒子，產後突然得了急病，病情一天天沉重。她握住燕兒的手說：「我把這個小孽種託付給妳了，我的兒子就是妳的兒子。」燕兒哭著答應了，並努力安慰她。他們幾次要請醫生來幫他看病，都被蓮香拒絕了。眼看著蓮香病重陷入彌留，氣息像遊絲一樣細微，桑生和燕兒都哭了起來。蓮香忽然睜開眼說：「不要這樣，你們以生為樂，我卻以死為樂。如果還有緣分，十年後我們還能再見面。」說完就斷氣了。兩人掀開被子要給她換穿壽衣時，屍體已經化為狐狸，桑生不願意用異樣的眼光來看待她，仍以隆重的葬禮安葬了她。蓮香所生的孩子，取名為狐兒，燕兒撫養他如同自己親生的孩子。每逢清明節，都抱著他到蓮香的墓前，哭著祭拜她。

又過了幾年，桑生參加鄉試考中了舉人，家境逐漸富裕，而燕兒一直苦惱於沒有生育。狐兒聰明伶俐，但是體弱多病，因此燕兒經常勸桑生再娶個小妾。有一天，丫鬟忽然來回報說：「門外有個老太太，帶了一個女孩要賣。」燕兒叫他們進來看看，一看到小女孩，便吃驚地說：「是蓮香姊轉世了嗎？」桑生仔細看那個女孩，真的酷似蓮香，也覺驚異。桑生問她年紀多大，老太太回答說：「十四歲。」又問：「要多少聘金？」老太太說：「我就只有這女兒，但願能給替她找個好人家，我也有能個吃飯的地方，日後老骨頭不至於丟在水溝裡，也就心滿意足了。」桑生於是高價留下母女二人。

燕兒拉著女孩的手來到內室，托起她的下巴，笑著問：「妳認識我嗎？」女孩說不認識，又問她的身世姓名，女孩說：「我姓韋，父親在徐城賣酒，已經去世三年了。」燕兒掐指算了一下，蓮香已經死了整整十四年。她再仔細觀察女孩的容貌神態，全部都跟蓮香相似，於是拍拍她的頭大叫：「蓮姊！蓮姊！妳說十年後再見面，應該不會騙我吧！」女孩突然像大夢初醒似的，突然「咦」了一聲，然後盯著燕兒細看。桑生高興地笑著說：「這真是『似曾相識燕歸來』啊！」女孩流著淚說：「是了！聽母親說，我一出生就會說話，家人覺得這是不祥的徵兆，餵我喝了狗血，就忘記了前世的事情，今天才如夢初醒。娘子，妳就是那個不願當鬼的李妹妹嗎？」三人共同回憶起前世的事，悲喜交集。

寒食節那天，燕兒說：「這是我與桑郎每年哭祭姊姊的日子。」三人一起到蓮香墓前，看見墓地野草叢生，樹也長高下垂了，蓮香也嘆息不已。燕兒對桑生說：「我與蓮香姊姊兩世的感情交好，不忍分離，應該把前世的屍骨葬在一起。」桑生聽從她的意見，就去紅花埠挖開李女的墳，把李女的骸骨運回來，並與蓮香的屍骨合葬。親友們知道這件奇事後，都穿著喜慶的服裝前來墓地觀看葬禮，不約而來的人，竟然有幾百人。

我庚戌年的時候南遊到了沂州，被雨困住，住在旅店裡。有個叫劉子敬的人，是桑生家的表親，拿出同鄉王子章寫的《桑生傳》，大約有一萬多字，我得以盡讀，這裡說的只是故事的大概情況。

異史氏說：唉！死去的人想要求生，活著的人反而想死。天底下最難得的，難道不是人的身體嗎？無奈擁有身體的人往往不珍惜，所以只是厚著臉皮活著，還不如狐狸；而默默死去的人，還不如鬼呢！

◈桑生，名曉，字子明，沂州人，少孤，館於紅花埠。桑為人靜穆自喜，日再出，就食東鄰，餘時堅坐而已。東鄰生偶至，戲曰：「君獨居不畏鬼狐耶？」笑答曰：「丈夫何畏鬼狐？雄來吾有利劍，雌者尚當開門納之。」鄰生歸，與友謀，梯妓於垣而過之，彈指叩扉。生窺問其誰，妓自言為鬼，生大懼，齒震震有聲，妓逡巡自去。鄰生早至生齋，生述所見，且告將歸，鄰生鼓掌曰：「何不開門納之？」生頓悟其假，遂安居如初。

積半年，一女子夜來叩齋，生意友人之復戲也，啟戶延入，則傾國之姝。驚問所來，曰：「妾蓮香，西家妓女。」埠上青樓故多，信之，息燭登牀，綢繆甚至。自此，三五日輒一至。

一夕，獨坐凝思，一女子翩然入，生意其蓮香，逆與語，覿面殊非，年僅十五六，袖垂髫，風流秀曼，行步之間，若還若往。大愕，疑為狐。女曰：「妾良家女，姓李氏。慕君高雅，幸賜垂盼。」生喜，握其手，冷如冰，問何涼也，曰：「幼質單寒，夜蒙霜露，那得不爾。」既而羅襦衿解，儼然處子。女曰：「妾為情緣，葳蕤之質，一朝失守，不嫌鄙陋，願常侍枕席，房中得無有人否？」生云：「無他，止一鄰娼，顧亦不常至。」女曰：「謹當避之。妾不與院中人等，君秘勿洩。彼來我往，彼往我來可耳。」雞鳴欲去，贈繡履一鉤，曰：「此妾下體所著，弄之，足寄思慕。然有人，慎勿弄也。」受而視之，翹翹如解結錐，心甚愛悅。越夕無人，便出審玩，女飄然忽至，遂相款昵。自此每出履，則女必應念而至，異而詰之，笑曰：「適當其時耳。」

一夜，蓮香來，驚云：「郎何神氣蕭索？」生言不自覺，蓮便告別，相約十日。去後，李來恆無虛夕，問：「君情人，何久不至？」因以所約告。李笑曰：「君視妾何如蓮香美？」曰：「可稱兩絕，但蓮卿肌膚溫和。」李變色，曰：「君謂雙美，對妾云爾，渠必月殿仙人，妾定不及。」因而不懽。乃屈指計，十日之期已滿，囑勿漏，將竊窺之。次夜，蓮香果至，笑語甚洽。及寢，大駭曰：「殆矣！十日不見，何益憊損？保無他遇否？」生詢其故，曰：「妾以神氣驗之，脈析析如亂絲，鬼症也。」次夜，李來，生問窺蓮香何似，曰：「美矣。妾固謂世間無此佳人，果狐也。去，吾尾之，南山而穴居。」生疑其妒，漫應之。

踰夕，戲蓮香曰：「余固不信，或謂卿狐者。」蓮亟問，是誰之云？笑曰：「我自戲卿。」蓮曰：「狐何異於人？」曰：「惑之者，病甚則死，是以可懼。」蓮香曰：「不然。如君之年，房後三日，精氣可復，縱狐何害？設旦旦而伐之，人有甚於狐者矣。天下癆尸瘵鬼，寧皆狐蠱死耶？雖然，必有議我者。」生力白其無，蓮詰益力。生不得已洩之。蓮曰：「我固怪君憊也。然何遽至此？得勿非人乎？君勿言，明宵當如渠之窺妾者。」

是夜李至，裁三數語，聞窗外嗽聲，急亡去。蓮入曰：「君殆矣！是真鬼物，暱其美而不速絕，冥路近矣！」生意其妒，默不語。蓮曰：「固知君不能忘情，然不忍視君死。明日，當攜藥餌，為君一除陰毒。幸病蒂猶淺，十日恙當已，請同榻以視痊可。」次夜，果出刀圭藥啖生，頃刻，洞下三兩行，覺臟腑清虛，精神頓爽，心德之，然終不信為鬼病。蓮香夜夜同衾偎生，生欲與合，輒止之。數日後，膚革充盈。欲別，殷殷囑絕李，生謬應之。及閉戶，挑燈，輒捉履傾想，李忽至，數日隔絕，頗有怨色。生曰：「彼連宵為我作巫醫，請勿為懟，情好在我。」李稍懌。生枕上私語曰：「我愛卿甚，乃有謂卿鬼者。」李結舌良久，罵曰：「必淫狐之惑君聽也！若不絕之，妾不來矣。」

遂嗚嗚飲泣，生百詞慰解，乃罷。

隔宿，蓮香至，知李復來，怒曰：「君必欲死耶！」生笑曰：「卿何相妒之深？」蓮益怒，曰：「君種死根，妾為君除之，不妒者，將復如何？」生託詞以戲曰：「彼云前日之疾為狐祟耳。」蓮乃歎曰：「誠如君言，君迷不悟，萬一不虞，妾百口何以自解？請從此辭。百日後，當視君於臥榻中。」留之不可，拂然逕去。

由是李夙夜必偕。約兩月餘，覺大困頓。初猶自寬解，日漸羸瘠，惟飲饘粥一甌。欲歸就養，尚戀戀不忍遽去，因循數日，沈綿不可復起。鄰生見其病憊，日遣館僮餽給飲食，生至是始疑李。因謂李曰：「吾悔不聽蓮香之言，一至於此！」言訖而瞑，移時復甦，張目四顧，則李已去，自是遂絕。

生羸臥空齋，思蓮香如望歲。一日，方凝想間，忽有搴簾入者，則蓮香也。臨榻哂曰：「田舍郎，我豈妄哉！」生哽咽良久，自言知罪，但求拯救。蓮曰：「病入膏肓，實無救法。姑來永訣，以明非妒。」生大悲，曰：「枕底一物，煩代碎之。」蓮搜得履，持就燈前，反覆展玩。李女欻入，猝見蓮香，返身欲遁。蓮以身蔽門，李窘急，不知所出。生責數之，李不能答。蓮笑曰：「妾今始得與阿姨面相質，曩謂郎君舊疾，未必非妾致，今竟何如？」李俛首謝過，蓮曰：「佳麗如此，乃以愛結仇耶？」李投地隕泣，乞垂憐救。蓮扶起，細詰生平，曰：「妾李通判女，早夭，瘞於牆外。已死春蠶，遺絲未盡，與郎偕好，妾之願也。致郎於死，良非素心。」蓮曰：「聞鬼物利人死，以死後可常聚，然否？」曰：「不然。兩鬼相逢，並無樂趣；如樂也，泉下少年郎豈少哉？」蓮曰：「痴哉！夜夜為之，人且不堪，而況於鬼？」李問：「狐能死人，何術獨否？」蓮曰：「是採補者流，妾非其類。故世有不害人之狐，斷無不害人之鬼，以陰氣盛也。」

生聞其語，始知狐鬼皆真，幸習常見慣，頗不為駭，但念殘息如絲，不覺失聲大痛。蓮顧問何以處郎君者，李赧然遜謝。蓮笑曰：「恐郎強健，醋娘子要食楊梅也。」李斂衽曰：「如有醫國手，使妾得無負郎君，便當埋首地下，敢靦然人世耶？」蓮解囊出藥，曰：「妾早知有今，別後採藥三山，凡三閱月，物料始備，瘵蠱至死，投之，無不蘇者。然症何由得，仍以何引，不得不轉求效力。」問何需，曰：「櫻口中一點香唾耳，我以丸進，煩接口而唾之。」李暈生頤頰，俯首轉側，而視其履。蓮戲曰：「妹所得意惟履耶？」李益慚，俯仰若無所容。蓮曰：「此平時熟技，今何吝焉？」遂以丸納生吻，轉促逼之。李不得已，唾之。蓮曰：「再又唾之。」凡三四唾，丸已下咽。少間，腹殷然如雷鳴，復納一丸，乃自接脣而布以氣。生覺丹田火熱，精神煥發，蓮曰：

「愈矣！」李聽雞鳴，徬徨別去。

蓮以新瘥，尚須調攝，就食非計，因將外戶反關，偽示生歸，以絕交往，日夜守護之。李亦每夕必至，給奉殷勤，事蓮猶姊，蓮亦深憐愛之。居三月，生健如初，李遂數夜不至，偶至，一望即去，相對時，亦悒悒不樂。蓮常留與共寢，必不肯。生追出，提抱以歸，身轉若芻靈。女不得遁，遂著衣偃臥，踡其體，不盈二尺。蓮益憐之，陰使生狎抱之，而撼搖亦不得醒，生睡去，覺而索之，已杳。後十餘日，更不復至，生懷思殊切，恆出履共弄。蓮歎曰：「窈娜如此，妾見猶憐，何況男子！」生曰：「昔日弄履則至，心固疑之，然終不料其鬼。今對履思容，實所愴惻。」因而泣下。

先是，富室章姓有女字燕兒，年十五，不汗而死，終夜復蘇，起顧欲奔，張扃戶，不聽出。女自言：「我通判女魂，感桑郎眷注，遺舄猶存彼處。我真鬼耳，錮我何益？」以其言有因，詰其至此之由，女低徊反顧，茫不自解。或有言，桑生病歸者，女執辯其誣，家人大疑。東鄰生聞之，踰垣往窺，見生方與美人對語，掩入逼之，張皇間已失所在。鄰生駭詰，生笑曰：「向固與君言，雌者則納之耳。」鄰生述燕兒之言，生乃啟關，將往偵探，苦無由。

章母聞生果未歸，益奇之，故使傭媼索履，生遽出以授。燕兒得之喜，試著之，鞋小於足者盈寸，大駭，攬鏡自照，忽恍然悟己之借軀以生也者。因陳所由，母始信之。女面鏡大哭，曰：「當日形貌，頗堪自信，每見蓮姊，猶增慚怍。今反若此，人也不如其鬼也！」把履號咷，勸之不解，蒙衾僵臥。食之，亦不食，體膚盡腫。凡七日不食，卒不死，而腫漸消，覺飢不可忍，乃復食。數日，遍體瘙癢，皮盡脫。晨起，睡舄遺墮，索著之，則碩大無朋矣。因試前履，肥瘦脗合，乃喜；復攬鏡，則眉目頤頰，宛肖生平，益喜。盥櫛見母，見者盡眙。

蓮香聞其異，勸生以媒通之，而以貧富懸絕，不敢遽進。會媼初度，因從其子婿行往為壽。媼睹生名，故使燕兒窺簾認客。生最後至，女驟出，捉袂，欲從與俱歸。母訶譙之，始慚而入。生審視宛然，不覺零涕，因拜伏不起。媼扶之，不以為侮。生出，浼女舅執柯，媼議擇吉贅生。生歸告蓮香，且商所聘，蓮悵然良久，便欲別去。生大駭，泣下。蓮曰：「君行花燭於人家，妾從而往，亦何形顏？」生謀先與旋里而後迎燕，蓮乃從之。生以情白章，章聞其有室，怒加誚讓，燕兒力白之，乃如所請。

至日，生往親迎，家中備具，頗甚草草，及歸，則自門達堂，悉以罽毯貼地，百千籠燭，燦列如錦。蓮香扶新婦入青廬，搭面既揭，歡若生平。蓮陪巹飲，細詰還魂之異。燕曰：「爾日抑鬱無聊，徒以身為異物，自覺形穢。別後，憤不歸墓，隨風漾泊。每見生人則羨之。晝憑草木，夜則信足沉浮。偶至章家，見少女臥牀上，迎附之，未知遂能活也。」蓮聞之，默默若有所思。

逾兩月，蓮舉一子，產後暴病，日就沈綿。捉燕臂曰：「敢以孽種相累，我兒即若兒。」燕泣下，姑慰藉之。為召巫醫，輒卻之。沈痼彌留，氣如懸絲，生及燕兒皆哭。忽張目曰：「勿爾！子樂生，我樂死。如有緣，十年後可復相見。」言訖而卒。啟衾將斂，尸化為狐，生不忍異視，厚葬之。子名狐兒，燕撫如己出。每清明，必抱兒哭諸其墓。

後數年，生舉於鄉，家漸裕，而燕苦不育。狐兒頗慧，然單弱多疾，燕每欲生置媵。一日，婢忽白門外一嫗，攜女求售，燕呼入，卒見，大驚曰：「蓮姊復出耶？」生視之，真似，亦駭。問年幾何，答云：「十四。」「聘金幾何？」曰：「老身止此一塊肉，但俾得所，妾亦得噉飯處，後日老骨不委溝壑，足矣。」生優價而留之。燕握女手，入密室，提其領而笑曰：「汝識我否？」答言不識，詰其姓氏，曰：「妾韋姓。父徐城賣漿者，死三年矣。」燕屈指停思，蓮死恰十有四載。又審顧女儀容態度，無一不神肖者，乃拍其頂，而呼之曰：「蓮姊，蓮姊！十年相見之約，當不欺吾。」女忽如夢醒，豁然曰：「咦！」因熟視燕兒。生笑云：「此似曾相識之燕歸來也。」女泫然曰：「是矣。聞母言，妾生時便能言，以為不祥，犬血飲之，遂昧宿因，今日殆如夢寤。娘子其恥於為鬼之李妹耶？」共話前生，悲喜交集。

一日，寒食，燕曰：「此每歲妾與郎君哭姊日也。」遂與親登其墓，荒草離離，木已拱矣，女亦太息。燕謂生曰：「妾與蓮姊兩世情好，不忍相離，宜令白骨同穴。」生從其言，啟李冢得骸，舁歸而合葬之。親朋聞其異，吉服臨穴，不期而會者數百人。

余庚戌南遊至沂，阻雨，休於旅舍。有劉生子敬，其中表親，出同社王子章所撰《桑生傳》，約萬餘言，得卒讀，此其崖略耳。

異史氏曰：嗟乎！死者而求其生，生者又求其死，天下所難得者，非人身哉？奈何具此身者，往往而置之，遂至覥然而生，不如狐；泯然而死，不如鬼。

陸判官

出自：《聊齋志異》

陵陽這地方有個人名叫朱爾旦，他字小明，性格豪放，但天性比較魯鈍，儘管讀書勤奮，卻始終沒有考取功名。

一天，他跟同窗的朋友相聚喝酒，有人就跟他開玩笑說：「你素來以大膽出名，如果你敢半夜到十王殿左邊的廊下，把那尊判官背來，我們大夥兒就湊錢設宴請你。」陵陽那邊有間十王殿，廟裡用木頭雕塑的鬼神栩栩如生。靠東的房中立著一尊判官，臉是綠的，滿臉紅鬚，相貌尤其可怕。傳說還有人晚上聽到兩邊長廊裡傳出拷問聲，進去的人沒有不毛骨悚然的，所以大家才拿這件事來為難朱爾旦。朱爾旦笑一笑，起身就走出去。沒過多久，他在門外大聲地叫：「我把大鬍子判官老爺請來了！」不一會兒，只見朱爾旦把判官背進來放在桌上，並向判官敬酒三杯。大家看到全都嚇得發抖，連忙請朱爾旦趕快把判官背回去。朱爾旦於是把酒澆地，禱告說：「弟子草率無禮，大老爺想必不會見怪。寒舍離此不遠，如果有興致，今後還請光臨共飲，不要介意。」說完便把判官背回去了。

第二天，大夥兒果然實踐諾言請他喝酒。他直喝到天黑才半醉著回家，但還興猶未盡，點著燈繼續獨飲。忽然有人掀開門簾進來，一看，正是判官。他連忙起身說：「啊，想必是我要死了！昨天晚上有所冒犯，如今您是來問罪的嗎？」判官捻起濃鬚，微笑著說：「不！昨晚承蒙盛情邀約，今夜得空，特地前來赴約。」朱爾旦非常高興，拉著客人入席，自己起身洗刷餐具，生火燙酒。判官說：「天氣暖和，喝冷酒無妨。」朱爾旦便聽從，把酒壺放在桌上，跑去告訴家人準備下酒菜餚，他妻子聽說後，十分害怕，勸他不要出去。朱爾旦不聽，等著下酒菜準備好，端到堂上。兩人對飲幾杯後，朱爾旦就問判官的姓氏。判官說：「我姓陸，沒有名字。」又和他談論書本上的事，陸判官對答如流。朱爾旦又問：「會做八股文嗎？」判官回答說：「稍稍能夠分辨優劣。陰間所讀的文章，和陽世大抵相同。」陸判官酒量大，一連能喝十杯。朱爾旦因為喝了一整天的酒，不覺醉倒，伏在桌上大睡。一覺醒來，燈光昏暗，鬼客已經走了。

從此，每隔兩三天陸判官就來喝酒，兩人情誼也一天比一天深，有時就共睡一床。朱爾旦捧出自己的課業請教，陸判官就用紅筆塗塗抹抹，還說都寫得不好。

一天晚上，朱爾旦喝醉後先就寢，陸判官仍舊獨自喝酒。忽然朱爾旦在睡夢中，感覺五臟六腑有些疼痛，睜眼一看，只見陸判官端坐床前，破開他的肚子，拿出腸胃一一清理。朱吃驚地問：「你我向來無怨無仇，為什麼要殺我？」陸判官笑著說：「不要怕，我正在替你換一顆聰明的心。」他慢慢地把內臟放進去，然後再縫好，最後用裹腳布把腰縛緊。料理完畢，床上也沒有血跡，朱爾旦只感覺肚腹有點麻木。他看到陸判官把一塊肉團放在桌上，便問這是什麼？陸判官說：「這是你的心。文章寫不好，就是因為你的心貧乏閉塞。剛才在陰間，我從千萬顆心中，挑選一顆最好的心替你換上，留下這顆去補足缺數。」說完便起身，掩門離去。

天亮時，朱爾旦解開纏布，見傷口已合，只留下一條紅線。從此他的文思大有長進，讀書過目不忘。幾天後，他再拿文稿給陸判官看，陸判官說：「可以了。但是你福份薄，不能做大官，只能中個舉人罷了。」又問：「什麼時候中舉？」回答說：「今年必中頭名。」不久，府考得了第一，鄉試也奪了魁。同窗中的友人向來嘲笑他，等到見了他考中舉人，沒有不吃驚的。他們細細打聽，才知道其中古怪。大家就懇求朱爾旦在陸判官前說些好話，希望能結交陸判官。陸判官答應了，於是大家設宴招待。

初更時，陸判官來到，紅鬍鬚不斷飄動，雙目閃閃，如同電光。大夥嚇得臉色大變，牙齒打顫，一個一個藉故溜走。朱爾旦於是領著陸判官回家中喝酒，喝到醺醉後，朱爾旦說：「先前挖肚洗腸，我已受惠許多。還有一件事想麻煩你，不知道可不可以？」陸判官問他有何吩咐。朱爾旦說：「心腸可以換，面貌想來也可換吧。我妻子什麼都好，只是相貌不很美。想煩你動動刀斧，如何？」陸判官笑著說：「行！讓我慢慢想辦法。」

過了幾天，陸判官半夜來敲門。朱連忙起身請進，點燈一照，只見陸判官衣襟中包著一件東西，問他，他說：「你前次的囑咐，一時難以物色。剛才得到一顆美人頭，應該可以滿足你的要求。」朱爾旦揭開一看，脖子上還有血。陸判官催促趕快進去，不要驚動雞犬。朱爾旦擔心得把門窗都關起來。陸判官一來，只用手推門，門就自動打開。朱爾旦領他到臥室，只見朱妻側著身子睡覺。陸判官把美人頭交給朱抱著，自己從靴子裡取出一把匕首，按著朱妻脖子切下去，就像切瓜一樣用力，脖子就迎刃斷開了，朱妻的頭掉在枕邊。陸判官急忙從朱爾旦手裡接過美人頭，接合上去，看看是否端正，然後用手按捺，將枕移到肩下墊好，之後叮囑朱爾旦把妻子的頭埋在偏僻的地方，他才離去。

朱妻醒後，感覺脖子有點麻癢，臉上緊緊的，用手一搓，發現有血塊，感覺非常驚恐。她連忙叫婢女舀水來要洗臉。婢女見夫人臉上到處是血，也嚇壞了。洗臉時，整盆洗臉水都染紅了。抬頭看時，發現夫人面目全非，又更加驚訝。夫人攬鏡自照，也非常錯愕，解釋不出是什麼原因。這時朱爾旦進來，說明緣故，並且仔細端詳妻子，只見她秀眉彎彎，雲鬢微掩，滿面笑容，活像畫中的美女。她解開衣領一看，脖子上有一圈紅線，紅線上下的肉色完全不同。

原來，城裡有位吳御史，他有個女兒長得十分美麗，還未曾出嫁，就死了兩個已訂婚的未婚夫，因此直到十九歲還沒有成婚。就在元宵節，她去十王殿遊玩時，遊人很多，其中有個無賴見到她，起了淫心，便探查出她家住址，到了夜裡爬梯進入，潛進小姐臥室，殺死了一個丫鬟塞到床下，企圖強姦御史女兒。御史女兒極力反抗，大聲呼救，那無賴情急之下一氣就把小姐殺了。吳夫人聽到吵鬧聲，忙跟丫鬟前去查看，發現了屍體身首異處，驚嚇駭然。全家上下全都起來了，把小姐屍體放在床上，把頭放在脖子旁，全家人嚎啕大哭，喧鬧了一夜。第二天揭被一看，小姐的身子還在，頭顱卻不見了。主人於是鞭打丫鬟，都說是看守不力，讓小姐的頭被狗啣去吃掉了。吳御史上訴到郡府。郡府限令捉拿犯人，三個月過去了，一個犯人都沒抓到。後來，有人把朱家發生的換頭奇聞說給吳御史聽。吳御史心下懷疑，就派一個婦人到朱家查看，婦人進門一見朱夫人，嚇得跑回去告訴吳御史。吳御史見女兒的屍體還在，驚訝得不知所措，猜測一定是朱爾旦用邪術殺了女兒，就前去盤問朱爾旦。朱爾旦說：「我妻子夢中被換了頭，連自己也不知其中緣故。說我殺了你女兒，實在是冤枉啊。」吳御史不相信，告到官府。官府先審訊朱家僕人，口供和主人所說的一模一樣，郡守一時也無法決斷。朱爾旦回來後，只好求陸判官出個主意。

陸判官說：「這事容易，我讓吳御史的女兒自己說個明白。」吳御史當晚就夢見女兒說：「我是被蘇溪的楊大年所殺，跟朱舉人無關。朱因嫌夫人不美，陸判官用我的頭和朱妻換了。這樣，女兒雖死，但頭還活著。希望兩家不要結仇。」吳御史醒後告訴夫人，恰巧夫人也做了一個完全相同的夢，於是連忙告知官府。官府派差役查訪，果然有楊大年其人，逮捕後加以拷問，凶手終於伏罪結案。吳御史於是來到朱家，求見朱妻，並從此和朱爾旦以翁婿相稱。並把朱妻的頭和女兒的屍體合葬。

朱爾旦後來三次入京會考，都因為犯規被驅逐出考場，從此對做官心灰意冷。如此過了三十年，一天晚上，陸判官告訴他說：「你陽壽不長了。」朱爾旦打聽還有多久，回答說有五天。朱爾旦又問：「能夠相救嗎？」陸判官回答說：「天命不可違。而且，達觀者看破生死，又何必生則快樂，死則悲傷呢？」朱爾旦點頭稱是，於是準備好壽衣棺材，時候到了便穿戴整齊，安然告終。他死後第二天，朱妻正伏棺大哭，朱爾旦忽然從外面走進來。朱妻十分害怕，朱爾旦說：「我雖然是鬼，卻與活人一樣。想到你們寡母孤兒，放不下心才特別來看望一下。」夫人於是哭得更加傷心，朱爾旦好言安慰她。夫人說：「古來就有還魂的說法，你既然有靈，為什麼不重生？」朱爾旦說：「天命不可違抗。」夫人又問：「你在陰司做些什麼？」他回答說：「陸判官推薦我掌管文書事務，還享有官爵，過得也並不苦。」夫人還想再說下去，朱爾旦就說：「陸判官此次和我同來，想要和之前那樣再把酒言歡，妳去準備酒菜吧。」說完就出去了。夫人連忙照他說的去準備。只聽見房間裡談笑風生，宛如朱爾旦生前。到了半夜再一看，早已消失了。

從此，朱爾旦兩三天就回家一趟，有時還留下過夜，夫婦情感依舊纏綿，他還順便處理一些家務。兒子朱瑋才五歲，朱爾旦每次回來就抱著他玩；朱瑋七、八歲的時候，朱爾旦就在燈下教他讀書。兒子也很聰明，九歲就會作文，十五歲到縣學讀書，一直都不知父親已死。從此，朱爾旦回家的次數也漸漸少了，偶爾才回來一次。有天晚上他回來時，對妻子說：「今天要來與妳永別了。」朱妻問他要到哪裡去。他說：「承蒙天帝命我作華山的山神，將要遠去就任，事務又多，從此不能再來了。」母子抱著他痛哭。朱爾旦說：「不要這樣！兒子已經長大，家裡也過得去，難道有百年不散的鸞鳳嗎？」他又對兒子說：「要好好做人，不要敗壞家業。十年後再見。」之後逕自出門而去，從此便再沒有回來過。

後來，朱瑋二十五歲中了進士，作了傳旨冊封的官員，奉旨去祭祀西嶽華山，路過華陰，忽然見到一輛車頂有羽蓋的華麗車轎，跟著許多隨從，衝著他的儀仗隊伍直直過來。他正感到驚訝，一看車上坐的人，正是他的父親，於是連忙下車跪在路旁哭迎。父親停車說：「你為官清正，我可以瞑目了。」朱瑋跪地不起，朱爾旦不理兒子，催促車馬快速前進。朱爾旦才離去幾步，又回頭一望，解下佩刀，叫人送來，遠遠地還聽見他說：「你隨身帶著它，會有好處。」朱瑋想追去，只見車馬隨從，像風一般飄飛，一眨眼就不見了。朱瑋心痛惋惜了很久。他抽出佩刀細看，作工十分精緻，刀身刻有一行小字：「膽欲大而心欲小，智欲圓而行欲方。」後來朱瑋做官到司馬，生有五個兒子，名沉、潛、沕、渾、深。一天晚上，他夢見父親說：「佩刀應該送給朱渾。」朱瑋照辦了。後來朱渾做官到左都御史，名聲很好。

異史氏說：截斷仙鶴的腿，接到野鴨的腿上來增長，是矯枉過正的妄想。將花木枝條移接到別種花木上，一開始想到這麼做的人可說是異想天開。何況是洗腸換心，在脖子上動刀來換頭整容！陸判官這個人，可以說是外表醜陋，而內在美好呀！從明末至今，年代也不算久遠，陵陽的陸判官塑像還在嗎？還靈驗嗎？要是能為他執鞭趕車效力，我也開心甘願啊。

◈陵陽朱爾旦，字小明。性豪放，然素鈍，學雖篤，尚未知名。

一日，文社眾飲，或戲之云：「君有豪名，能深夜走十王殿，負得左廊判官來，眾當醵作筵。」蓋陵陽有十王殿，神鬼皆以木雕，妝飾如生。東廡有立判，綠面赤鬚，貌尤獰惡。或夜聞兩廊拷訊聲，入者毛皆森豎，故眾以此難朱。朱笑起，徑去。居無何，門外大呼曰：「我請髯宗師至矣！」眾皆起。俄負判入，置几上，奉觴酹之三。眾睹之，瑟縮不安於坐，仍請負去。朱又把酒灌地，祝曰：「門生狂率不文，大宗師諒不為怪。荒舍匪遙，合乘興來覓飲，幸勿為畛畦。」乃負之去。

次日，眾果招飲。抵暮，半醉而歸，興未闌，挑燭獨飲。忽有人搴簾入，視之，則判官也。朱起曰：「噫，吾殆將死矣！前日冒瀆，今來加斧鑕耶？」判啟濃髯微笑曰：「非也。昨蒙高義相訂，夜偶暇，敬踐達人之約。」朱大悅，牽衣促坐，自起滌器爇火。判曰：「天道溫和，可以冷飲。」朱如命，置瓶案上，奔告家人治肴果。妻聞，大駭，戒勿出。朱不聽，立俟治具以出。易琖交酬，始詢姓氏，曰：「我陸姓，無名字。」與談古典，應答如響。問：「知制藝否？」曰：「妍媸亦頗辨之。冥司誦讀，與陽世略同。」陸豪飲，一舉十觥。朱因竟日飲，遂不覺玉山傾頹，伏几醺睡。比醒，則殘燭黃昏，鬼客已去。

自是三兩日輒一來，情益洽，時抵足眠。朱獻窗稿，陸輒紅勒之，都言不佳。

一夜，朱輒醉先寢，陸猶自酌。忽醉夢中，覺臟腑微痛，醒而視之，則陸危坐牀前，破腔出腸胃，條條整理。愕曰：「夙無仇怨，何以見殺？」陸笑云：「勿懼，我為君易慧心耳。」從容納腸已，復合之，末以裹足布束朱腰，作用畢，視榻上亦無血跡，腹間覺少麻木。見陸置肉塊几上，問之，曰：「此君心也，作文不快，知君之毛竅塞耳。適在冥間，於千萬心中，揀得佳者一枚，為君易之，留此以補闕數。」乃起，掩扉去。

天明解視，則創縫已合，有綖而赤者存焉。自是文思大進，過眼不忘。數日，又出文示陸，陸曰：「可矣。但君福薄，不能大顯貴，鄉科而已。」問何時？曰：「今歲必魁。」未幾，科試冠軍，秋闈果中經元。同社友素揶揄之，及見闈墨，相視而驚。細詢，情知其異，共求朱先容，願納交陸。陸諾之，眾大設以待之。

更初，陸至，赤髯生動，目炯炯如電。眾茫乎無色，齒欲相擊，漸引去。朱乃攜陸歸飲，既醺，朱曰：「湔腸伐胃，受賜已多。尚有一事欲相煩，不知可否？」陸便請命，朱曰：「心腸可易，面目想亦可更。山荊，予結髮久，頭面不甚佳麗，尚欲煩君刀斧如何？」陸笑曰：「諾，容徐圖之。」

過數日，半夜來叩關。朱急起延入，燭之，見襟裹一物，詰之，曰：「君曩所囑，向艱物色，適得一美人首，敬報君命。」朱撥視，頸血猶溼。陸立促急入，勿驚禽犬。朱慮門戶夜扃。陸至，一手推扉，扉自闢，引至臥室，見夫人側身眠。陸以頭授朱抱之，自於靴中出白刃如匕首，按夫人項，著力如切瓜狀，迎刃而解，首落枕畔。急於生懷，取美人頭合項上，詳審端正，而後按捺，已而移枕塞肩際，命朱瘞首靜所，乃去。

朱妻醒，覺頸間微麻，面頰甲錯，搓之得血片，甚駭。呼婢汲盥，婢見面血狼籍，驚絕。濯之，盆水盡赤。舉首，則面目全非，又駭極。夫人引鏡自照，錯愕不能自解。朱入告之，因反復細視，則長眉掩鬢，笑靨承顴，畫中人也。解領驗之，有紅綫一周，上下肉色，判然而異。

先是吳侍御有女甚美，未嫁而喪二夫，故十九猶未醮也。上元遊十王殿時，遊人甚雜，內有無賴賊，窺而豔之，遂陰訪居里，乘夜梯入，穴寢門，殺一婢於牀下，逼女與淫。女力拒聲喊，賊怒，亦殺之。吳夫人微聞鬧聲，呼婢往視，見尸，駭絕。舉家盡起，停尸堂上，置首項側，一門啼號，紛騰終夜。詰旦啟衾，則身在而失其首，遍撻侍女，謂所守不恪，致葬犬腹。侍御告郡，郡嚴限捕賊，三月而罪人弗得。漸有以朱家換頭之異聞吳公者。吳疑之，遣媼探諸其家，入見夫人，駭走以告吳公。公視女尸故存，驚疑無以自決，猜朱以左道殺女，往詰朱。朱曰：「室人夢易其首，實不解其何故？謂僕殺之，則冤也。」吳不信，訟之。收家人鞫之，一如朱言，郡守不能決。朱歸，求計於陸，陸曰：「不難，當使伊女自言之。」吳夜夢女曰：「兒為蘇溪楊大年所殺，無與朱孝廉。彼不豔於其妻，陸判官取兒頭，與之易之，是兒身死而頭生也，願勿相仇。」醒告夫人，所夢同，乃言於官。問之，果有楊大年，執而械之，遂伏其罪。吳乃詣朱請見夫人，由此為翁婿，乃以朱妻首合女尸而葬焉。

朱三入禮闈，皆以場規被放，於是灰心仕進。積三十年，一夕，陸告曰：「君壽不永矣。」問其期，對以五日。「能相救否？」曰：「惟天所命，人何能私？且自達人觀之，生死一耳，何必生之為樂，死之為悲。」朱以為然，即治衣衾棺槨，既竟，盛服而歿。翌日，夫人方扶柩哭，朱忽冉冉自外至。夫人懼，朱曰：「我誠鬼，不異生時。慮爾寡母孤兒，殊戀戀耳。」夫人大慟，涕垂膺，朱依依慰解之。夫人曰：「古有還魂之說，君既有靈，何其不再？」朱曰：「天數不可違也。」問：「在陰司作何務？」曰：「陸判薦我督案務，授有官爵，亦無所苦。」夫人欲再語，朱曰：「陸公與我同來，可設酒饌。」趨而出，夫人依言營備。但聞室中笑飲，豪氣高聲，宛若生前，半夜窺之，窅然而逝。

自是三數日輒一來，時而留宿繾綣，家中事就便經紀。子瑋方五歲，來輒提抱；至七八歲，則燈下教讀。子亦慧，九歲能文，十五入邑庠，竟不知無父也。從此來漸疏，日月至焉而已。又一夕來，謂夫人曰：「今與卿永訣矣。」問何往？曰：「承帝命為太華卿，行將遠赴，事煩途隔，故不能來。」母子扶之哭，曰：「勿爾，兒已成立，家業尚可存活，豈有百歲不拆之鸞鳳耶？」顧子曰：「好為人，勿墮父業，十年後，一相見耳。」徑出門去，於是遂絕。

後瑋二十五舉進士，官行人，奉命祭西岳，道經華陰，忽有輿從羽葆，馳衝鹵簿。訝之，審視車中人，其父也，下馬哭伏道左。父停輿曰：「官聲好，我目瞑矣。」瑋伏不起，朱促車行，火馳不顧，去數武，回望，解佩刀，遣人持贈，遙語曰：「佩之當貴。」瑋欲追從，見輿從人馬飄忽若風，瞬息不見。痛恨良久。抽刀視之，製極精工，鐫字一行，曰：「膽欲大而心欲小，智欲圓而行欲方。」瑋後官至司馬，生五子，曰沉，曰潛，曰沕，曰渾，曰深。一夕夢父曰：「佩刀宜贈渾也。」從之。渾任為總憲，有政聲。

異史氏曰：斷鶴續鳧，矯作者妄；移花接木，創始者奇；而況加鑿削於肝腸，施刀錐於頸項者哉？陸公者，可謂媸皮裹妍骨矣。明季至今，為歲不遠，陵陽陸公猶存乎？尚有靈焉否也？為之執鞭，所欣慕焉。

王六郎

出自：《聊齋志異》

有一個姓許的漁夫，住在淄川北郊。每天晚上，他都帶著酒到附近河邊，邊喝酒邊撒網，還會以酒祭地，把酒澆灑在地上，嘴裡祝禱著：「請河裡不幸溺死的鬼魂一起來喝吧。」如此逐漸成了習慣。捕魚時常常別人無所獲，只有他一個人滿筐而歸。

有天夜裡，他正在獨飲的時候，忽然有個年輕人過來，在他身邊徘徊。漁夫邀年輕人過來喝酒，年輕人欣然答應，爽快地一起同飲。不久，漁夫去收網，發現一整晚居然一隻魚也沒捕到，不禁感到失落。年輕人看到以後，站起來說：「許兄不用擔憂，等我到下游把魚都趕上來，你再收網吧。」說完轉身飄然而去，沒過多久，年輕人回來了，說：「魚群都來了。」果然聽到魚群爭食的聲音。漁夫連忙收網，捕到好幾條大魚，都有一尺長。漁夫很高興，向年輕人致謝，走的時候想要分一些魚給他，年輕人婉拒說：「多次蒙受許兄賜酒，趕魚不過舉手之勞，還不足以回報。如果不嫌棄，我以後常來。」漁夫說：「你我今夜才剛認識，一起喝了一次酒，怎麼說『多次』呢？你如果願意常來，真是再好不過，只是除了幾杯酒，我沒什麼的東西可以招待你。」接著他問起了年輕人的名字，年輕人說：「我姓王，無字，許兄叫我六郎就好了。」兩人於是分別。

第二天，漁夫把魚賣了，又多買了一些酒。晚上來到河邊時，六郎已經先到了，於是二人一起暢飲。喝了幾杯酒後，六郎又去幫漁夫趕魚。就這樣過了半年。有一天六郎突然語氣感傷地告訴漁夫說：「有幸能夠認識你，跟你的情誼比骨肉還要親近，只可惜我們不久就要分別了。」漁夫急忙詢問原因。六郎一副欲言又止的樣子，停頓了好一陣子才說：「你我相識已久，情同知己，一直沒說出來，只因為怕會嚇到許兄。如今我們將要分別，不敢再有所欺瞞：我其實是鬼而不是人。我生前最愛喝酒，有一次酒醉，不小心在河裡溺死，已經好幾年了。許兄之前獨飲時，總不忘記以酒祭地，讓我非常感激，許兄每次打漁都比別人多，其實是我暗中替你在下游趕魚，以此報答許兄祭奠的恩情。明日我的業報將要圓滿，可以重新投胎，之後會有其他人到河裡替代我。今夜將是我們最後一次相聚，所以忍不住覺得悲傷。」漁夫聽他說明時，一開始也覺得有些驚訝與恐懼，但兩人相處已經有好一些時日，彼此很親暱，也就不覺得害怕了。漁夫想到兩人即將分離，不禁傷心嘆息，於是替六郎斟滿一杯酒，說：「六郎喝了這杯酒，就不要再哀傷了。你我有緣相識，沒想到轉眼就將分別，確實讓人感傷；但你的功業圓滿，即將脫離劫噩，應該要高興慶賀才對，不該悲傷難過。」於是兩人再度暢飲。漁夫問：「要接替你的是什麼人？」六郎說：「明天中午，許兄可以到河邊觀察等候，會有一個女子要渡河，不幸落水淹死，那就是來給我做替身的。」不久，聽到公雞鳴叫，天色漸漸亮了起來，兩人雖然萬般不捨，也只能揮淚告別。

這日正午，漁夫到河邊等待，想看看會發生什麼事。不久，果然看到一個女子準備渡河，懷中還抱著一個嬰兒，她剛走到河邊，就不小心失足落水。慌亂中，女子把嬰兒拋到岸上，摔在岸上的嬰兒伸手蹬腳，大哭了起來。女子則在河裡掙扎，眼看就要滅頂，突然之間，她竟然溼淋淋地從水裡爬上岸來，然後躺在地上喘了好幾口氣，等力氣稍微恢復後，就抱起孩子離開了。當女子溺水時，漁夫在一旁也覺得於心不忍，幾次想要跑去救她；但轉念一想，這個女子是來當六郎替身的，只好狠下心不去救她。後來看到女子自己爬回岸上，心想難道是六郎講錯了？入夜後，漁夫又到河裡捕漁，沒多久六郎就來了，說：「今天又再次相聚，可能暫時不用向許兄道別了。」漁夫問他原因。六郎說：「女子的確已經成為我的替身，只是我想，她如果死了，岸上嬰兒恐怕也無法活下去，為了代替我一個人，要害死兩條生命，我實在不忍心，所以把她推回岸邊，放過了她。如今要再等下一個替身，就不知道要到什麼時候了。或許是你我兩人的緣分未盡吧！」漁夫感嘆著說：「六郎的仁人之心，一定可以感動上天，會有好報的。」此後二人依然每夜相聚暢飲。過了幾天，六郎又來道別。漁夫問他是不是又有新的替身了？六郎說：「這一次不是找到替身，而是因為上次的惻隱之心果然感動上天。天帝命我去擔任招遠縣鄔鎮的土地神，明天就要前往赴任。如果許兄不忘我們兩人的交情，想請許兄到鄔鎮一聚，希望不要嫌路途遙遠、道路難行。」漁夫聽完，替六郎覺得高興，祝賀說：「六郎為人正直，如今升格為神，實在讓人覺得欣慰；只是人神相隔，就算我不怕路途阻隔，到了那裡又如何能與你相見呢？」六郎說：「許兄只要到那裡就好，不用擔心。」又再三叮嚀以後才離去。

漁夫回家以後，就收拾行李，準備往東出發去招遠縣。他的妻子笑他說：「從這裡過去招遠縣有幾百里，就算真的有什麼鄔鎮，那個六郎也真的當了土地神，你要怎麼跟一尊泥塑神像敘舊聊天呢？」漁夫不理妻子，仍獨自前往招遠。到了當地打聽，果然有個鄔鎮，於是又一路來到鄔鎮，找了一家小客店休息，並向客店主人打聽土地廟的位置。主人驚問：「先生莫非姓許？」漁夫說：「是啊，你怎麼知道？」主人又問：「先生是淄川人，對不對？」漁夫說：「是啊，你怎麼都知道？」主人來不及回答，就匆匆忙忙跑了出去。不久陸陸續續來了好多人，男男女女，有人抱著小孩，有人扶著老人，連有些女子不便見生人的，都躲在一旁窺視，把客店團團圍住。漁夫看到這個陣仗也嚇了一跳。眾人告訴他：「幾天前的夜晚，大家都得到土地神託夢說：他在淄川有一位姓許的好友，近日會到這裡，希望大家可以代為招待。所以我們日夜等待，恭候大駕已久。」漁夫覺得很神奇，忙請眾人帶他到土地廟，祝禱說：「自從與你分別，日夜思念，不辭千里來到此地實踐約定。承蒙你託夢給眾人，愚兄實在是感激，慚愧沒什麼東西可以回報，唯有水酒一杯，如果你不嫌棄，就像我們過去在河上喝酒一樣。」說完，焚錢燒紙祭拜。突然間，有一陣風吹起，在漁夫面前旋轉了許久，才漸漸消散。

當天夜晚，漁夫夢見六郎，他身穿一身整齊的衣服，與過去的樣貌截然不同。六郎行禮道謝說：「許兄不辭辛苦，大老遠來探訪，小弟十分感動。無奈我職權微小，無法現身與許兄會面，兩人雖近在咫尺，卻如同在天涯一般，實在令人感傷。我已請託百姓代我準備一些薄禮，以答謝你我平日的情誼。另外，如果許兄決定哪天回去，小弟必當相送。」

漁夫住了幾天，想要回家。鄔鎮的人不斷挽留，爭相邀請漁夫到家裡，常常一天之中，輪流到好幾家作客。又過了幾天，漁夫還是堅決要跟大家告辭。眾人不再強留，都拿著禮物過來替他踐行，一下子就塞滿了他的袋子行囊。鎮上男女老少都來了，一路送到村外。突然間刮起了一陣旋風，在漁夫身旁旋轉，一路隨行十餘里。漁夫知道是六郎，於是再三拜謝說：「六郎珍重！不用再勞煩你們送我了。送君千里，終須一別。你的心地仁慈愛民，一定能夠造福百姓，不用愚兄再多叮嚀囑咐了。」旋風在原地盤旋了一陣子，才漸漸飄散了。村民們又是驚訝又是嘆息，也各自回去了。

漁夫回家後，家業逐漸寬裕起來，就不再當漁夫了。每次遇見從招遠來的人，就問他們土地神的事，大家都說土地神有求必應，十分靈驗。有人說，六郎所在地，就是現在的章丘石坑莊。不知現在到底在哪裡。

異史氏說：六郎位居顯要之後，仍不忘貧賤時的朋友，這就是他所以能成神的原因。如今坐在車裡面的達官顯貴，還記得貧賤時戴著斗笠的故交嗎？我家鄉有個退休隱居之人，家裡非常貧困。他有個幼年時的好友，擔任收入豐厚的官職，他以為去投奔好友可以獲得接濟，於是盡力置辦行裝，奔波了千里路，結果大失所望，最後花光了行囊裡所有的錢財，連馬都賣了才湊足旅費回來。他的族弟生性幽默，仿照〈月令〉體裁編了文章嘲笑他，說：「這個月，哥哥回來了，貂帽不戴了，收起華麗傘蓋，馬賣掉換成驢，也不再到處奔波了。」念一下這個笑一笑吧。

◈許姓，家淄之北郭，業漁。每夜，攜酒河上，飲且漁，飲則酹地，祝云：「河中溺鬼得飲。」以為常。他人漁，迄無所獲，而許獨滿筐。

一夕，方獨酌，有少年來，徘徊其側。讓之飲，慨與同酌。既而終夜不獲一魚，意頗失。少年起曰：「請於下流為君敺之。」遂飄然去。少間，復返，曰：「魚大至矣。」果聞唼呷有聲。舉網而得數頭，皆盈尺。喜極，申謝，欲歸，贈以魚，不受，曰：「屢叨佳醞，區區何足云報。如不棄，要當以為常耳。」許曰：「方共一夕，何言屢也？如肯永顧，誠所甚願，但愧無以為情。」詢其姓字，曰：「姓王，無字，相見可呼王六郎。」遂別。

明日，許貨魚，益沽酒。晚至河干，少年已先在，遂與歡飲。飲數杯，輒為許敺魚。如是半載。忽告許曰：「拜識清揚，情逾骨肉，然相別有日矣。」語甚悽楚。驚問之。欲言而止者再，乃曰：「情好如吾兩人，言之或勿訝耶？今將別，無妨明告：我實鬼也。素嗜酒，沈醉溺死，數年於此矣。前君之獲魚，獨勝於他人者，皆僕之暗敺，以報酹奠耳。明日業滿，當有代者，將往投生。相聚只今夕，故不能無感。」許初聞甚駭，然親狎既久，不復恐怖。因亦欷歔，酌而言曰：「六郎飲此，勿戚也。相見遽違，良足悲惻；然業滿劫脫，正宜相賀，悲乃不倫。」遂與暢飲。因問：「代者何人？」曰：

「兄於河畔視之，亭午，有女子渡河而溺者，是也。」聽村雞既唱，灑涕而別。

明日，敬伺河邊，以覘其異。果有婦人抱嬰兒來，及河而墮。兒拋岸上，揚手擲足而啼。婦沉浮者屢矣，忽淋淋攀岸以出，藉地少息，抱兒逕去。當婦溺時，意良不忍，思欲奔救；轉念是所以代六郎者，故止不救。及婦自出，疑其言不驗。抵暮，漁舊處，少年復至，曰：「今又聚首，且不言別矣。」問其故。曰：「女子已相代矣，僕憐其抱中兒，代弟一人，遂殘二命，故捨之。更代不知何期。或吾兩人之緣未盡耶？」許感歎曰：「此仁人之心，可以通上帝矣。」由此相聚如初。數日，又來告別。許疑其復有代者。曰：「非也。前一念惻隱，果達帝天。今授為招遠縣鄔鎮土地，來朝赴任。倘不忘故交，當一往探，勿憚修阻。」許賀曰：「君正直為神，甚慰人心；但人神路隔，即不憚修阻，將復如何？」少年曰：「但往，勿慮。」再三叮嚀而去。

許歸，即欲治裝東下。妻笑曰：「此去數百里，即有其地，恐土偶不可以共語。」許不聽，竟抵招遠。問之居人，果有鄔鎮，尋至其處，息肩逆旅，問祠所在。主人驚曰：「得毋客姓為許？」許曰：「然。何見知？」又曰：「得毋客邑為淄？」曰：「然。何見知？」主人不答，遽出。俄而丈夫抱子，媳女窺門，雜沓而來，環如牆堵。許益驚。眾乃告曰：「數夜前，夢神言：淄川許友當即來，可助以資斧。祗候已久。」許亦異之，乃往祭於祠而祝曰：「別君後，寤寐不去心，遠踐曩約。又蒙夢示居人，感篆中懷，愧無腆物，僅有卮酒，如不棄，當如河上之飲。」祝畢，焚錢紙。俄見風起座後，旋轉移時，始散。

夜夢少年來，衣冠楚楚，大異平時。謝曰：「遠勞顧問，喜淚交并。但任微職，不便會面，咫尺河山，甚愴於懷。居人薄有所贈，聊酬夙好。歸如有期，尚當走送。」

居數日，許欲歸。眾留殷懇，朝請暮邀，日更數主。許堅辭欲行。眾乃折柬抱襆，爭來致贐，不終朝，餽遺盈橐。蒼頭稚子畢集，祖送出村。欻有羊角風起，隨行十餘里。許再拜曰：「六郎珍重！勿勞遠涉。君心仁愛，自能造福一方，無庸故人囑也。」風盤旋久之，乃去。村人亦嗟訝而返。

許歸，家稍裕，遂不復漁。後見招遠人問之，其靈驗如響云。或言：即章丘石坑莊。未知孰是。

異史氏曰：置身青雲，無忘貧賤，此其所以神也。今日車中貴介，寧復識戴笠人哉？余鄉有林下者，家綦貧。有童稚交，任肥秩，計投之必相周顧，竭力辦裝，奔涉千里，殊失所望，瀉囊貨騎，始得歸。其族弟甚諧，作〈月令〉嘲之云：「是月也，哥哥至，貂帽解，傘蓋不張，馬化為驢，靴始收聲。」念此可為一笑。

善良的鬼僧

出自：《閱微草堂筆記》

何勵庵先生說：我有位姓聶的朋友，前往西山深處上墳。因為天寒晝短，回來時已經是傍晚。他怕遇上老虎，便極力趕路，看見山腰有間破廟，就急急忙忙地跑了進去。

當時天色已經漆黑，他聽到牆角有人說：「這裡不是人停留的地方，施主趕緊離開吧。」聶先生認為他是個僧人，問道：「師父為何在此暗處坐著？」對方說：「佛家不說誑語。我其實是一個吊死鬼，正在這裡等待替身。」聶先生一聽，毛骨悚然，接著轉念一想，對鬼說：「與其被老虎咬死，還不如死於鬼之手呢。我和師父一起在這破廟中過夜吧。」鬼說：「你不走也可以。但是人鬼路數不同，你受不了陰氣的侵害，我也經不起陽氣的燒灼，彼此都會不得安寧。你我各據一個角落，不要靠近就可以了。」

聶先生遙問鬼，所謂等待替身是怎麼回事。鬼說：「天帝愛好生命，不希望人們傷害自己。如果是忠臣出於盡節、烈婦出於守貞而自殺，雖然也屬於橫死，但與壽終正寢沒有區別，不必尋找替身；如果是那些受到情勢所迫，沒有求生之路的人自殺，因為憐憫他們是出於不得已，也會交付轉輪王轉生，不過會考察他們的生平行跡，讓其善惡有報，這些也不必等待替身；如果是還有一線生路的人，或是不能忍受小怨恨，或是用死連累他人，逞一時的戾氣，輕率地就上吊自殺，那就大大違背了天地生育萬物之心，所以不能立即轉生，必須等待替身以示懲罰。因此，這類輕生的鬼魂會像囚犯一樣滯留陰間，往往一等就是百年。」

聶先生問：「不是有引誘人自縊來作為替身的嗎？」鬼說：「我不忍心這樣做啊。凡是自縊的人，為節義而死的，魂魄會從頭頂上升，死得很快；為忿恨嫉妒而死的人，魂魄會自心頭下降，死得很慢。從上吊開始到沒有死去的這段時間，全身血脈倒湧，肌肉皮膚一寸一寸地裂開，疼痛得像刀割一樣，胸腹腸胃中如同烈火焚燒，無法忍受，這樣痛苦掙扎十來刻左右，魂魄才能離開軀體。想到這份痛苦，我見到自縊的人都還要上前阻止，那裡肯去引誘呢？」聶先生說：「師父存了這樣的念頭，必定能升天的。」鬼說：「我不敢有這種奢望，只是一心念佛，希望能好好懺悔罷了。」過了不久，天要亮了，聶先生再問鬼時，卻沒聽到回答了，他仔細一看，廟內什麼都沒有。

後來，聶先生每次上山掃墓，都一定會帶食物和紙錢來祭奠那個吊死鬼，祭奠時常有旋風圍繞在左右。直到有一年，聶先生在祭奠時，旋風沒有來了，他心想：想必是因為這個鬼的一念善心，已經讓他脫離鬼道了。

◈勵菴先生又云：有友聶姓，往西山深處上墓返。天寒日短，翳然已暮。畏有虎患，竭蹶力行，望見破廟在山腹，急奔入。

時已曛黑，聞墻隅人語曰：「此非人境，檀越可速去。」心知是僧，問：「師何在此暗坐？」曰：「佛家無誑語，身實縊鬼，在此待替。」聶毛骨悚慄，既而曰：「與死於虎，無寧死於鬼，吾與師共宿矣。」鬼曰：「不去亦可。但幽明異路，君不勝陰氣之侵，我不勝陽氣之爍，均刺促不安耳。各占一隅，毋相近可也。」

聶遙問待替之故。鬼曰：「上帝好生，不欲人自戕其命。如忠臣盡節，烈婦完貞，是雖橫夭，與正命無異，不必待替；其情迫勢窮，更無求生之路者，憫其事非得已，亦付轉輪，仍核計生平，依善惡受報，亦不必待替；倘有一綫可生，或小忿不忍，或借以累人，逞其戾氣，率爾投繯，則大拂天地生物之心，故必使待替以示罰。所以幽囚沉滯，動至百年也。」

問：「不有誘人相替者乎？」鬼曰：「吾不忍也。凡人就縊，為節義死者，魂自頂上升，其死速；為忿嫉死者，魂自心下降，其死遲，未絕之頃，百脈倒湧，肌膚皆寸寸欲裂，痛如臠割，胸膈腸胃中如烈焰燔燒，不可忍受，如是十許刻，形神乃離。思是楚毒，見縊者方阻之速返，肯相誘乎？」聶曰：「師存是念，自必生天。」鬼曰：「是不敢望。惟一意念佛，冀懺悔耳。」俄天欲曙，問之不言，諦視亦無所見。

後聶每上墓，必攜飲食紙錢祭之，輒有旋風繞左右。一歲，旋風不至，意其一念之善，已解脫鬼趣矣。」

關於《閱微草堂筆記》

作者為紀昀（1724~1805），清代文言筆記小說，此書收集當時代前後的各種鬼神狐仙、奇聞軼事，描述官場百態，勸善戒惡，講因果報應，對當時社會問題有所探討。本書常與《聊齋志異》相提並論，可視為文言小說的巔峰。

第五部　人鬼交鋒誰勝出

任你「鬼」計多端，
我也能裝神弄「鬼」！

鬼戲秦巨伯

出自：《搜神記》

琅邪縣的秦巨伯，六十歲了。有一次他晚上出去喝酒，回家路過蓬山廟的時候，看見他的兩個孫子前來迎接他，兩人扶著他走了一百多步，其中一個突然揪著他的脖子往地上按，一邊還大罵著：「老東西，你那天打我，我今天就殺了你！」秦巨伯仔細想了想，前幾天的確打過這個孫子。他乾脆躺下來裝死，於是兩個孫子就扔下他走了。

回家以後，秦巨伯要處罰這兩個孫子，兩個人又驚訝又害怕，不停地磕頭說：「我們當人家孫子的怎麼敢做出這種大逆不道的事呢？恐怕有鬼怪在作祟吧！請您再去試試看。」秦巨伯這才醒悟，原來自己被鬼魅捉弄了。

幾天後，他裝醉來到廟前，果然又看到那兩個孫子迎上來攙扶。秦巨伯連忙把他們緊緊挾住，一動也動不了，然後用力拖回家裡，原來是兩個廟裡的人物塑像。秦巨伯升火炙烤兩個塑像，一直燒到肚子、後背全都烤得枯焦裂開了，然後才把他們提出去扔到院子裡，結果到了半夜，兩個鬼還是都逃掉了，秦巨伯後悔沒把他們徹底殺了。

一個月後，他又假裝喝醉了，在夜晚出門，懷裡藏著刀子，但是家裡人都不知道這件事。到了深夜，秦巨伯還沒回家，兩個孫子擔心他又被鬼魅纏上，就一起出門接他回家，結果竟被秦巨伯當成鬼魅殺死。

◈琅邪秦巨伯，年六十。嘗夜行飲酒，道經蓬山廟，忽見其兩孫迎之。扶持百餘步，便捽伯頸着地，罵：「老奴！汝某日捶我，我今當殺汝。」伯思惟：某時信捶此孫。伯乃佯死，乃置伯去。

伯歸家，欲治兩孫。孫驚惋，叩頭言：「為子孫，寧可有此，恐是鬼魅，乞更試之。」伯意悟。

數日，乃詐醉，行此廟間，復見兩孫來扶持伯。伯乃急持，動作不得。達家，乃是兩人偶也。伯著火炙之，腹背俱焦坼，出著庭中，夜皆亡去，伯恨不得之。

後月，又佯酒醉夜行，懷刀以去，家不知也。極夜不還。其孫恐又為此鬼所困。仍俱往迎之，伯竟剌殺之。

定伯賣鬼

出自：《列異傳》

河南南陽有個叫做宋定伯的人，他年輕的時候，有次走夜路遇到一個鬼。宋定伯問：「你是誰？」鬼回答說：「我是鬼，你又是誰？」宋定伯騙他說：「我也是鬼。」那鬼又問：「你要到哪兒去？」宋定伯回答：「我要到宛城市場。」鬼說：「正好，我也要到宛城市場。」他們一同走了幾里路。

鬼說：「這樣子走實在太累了，不如我們交換背著對方走罷！」宋定伯說：「好極了！」鬼就先背宋定伯走了幾里路。鬼一面背一面懷疑地問：「你怎麼這麼重？你不是鬼吧？」宋定伯說：「我是剛死的鬼，所以身體重些。」輪到定伯背鬼行走的時候，感覺鬼絲毫沒什麼重量。如此這般，他們輪換了好幾次。

宋定伯假意問：「我是個新鬼，不知道鬼都會怕些什麼？」鬼回答說：「我們鬼最怕人對我們吐口水。」他們繼續前行。走著走著，遇到一條河，宋定伯於是讓鬼先過河，鬼過河的時候沒有發出一點聲響。輪到宋定伯自己過河時，他把水弄得嘩啦嘩啦地作響。鬼又懷疑地問：「你為什麼會發出聲音？」宋定伯說：「我剛死不久，還不習慣渡水，所以才會這樣。這沒什麼好奇怪的。」

快到宛城時，宋定伯就將鬼扛在肩上，緊緊地捉住。鬼大聲慘叫，要求放它下來。宋定伯不理會它，直奔宛城市場中心，將鬼丟在地下，鬼立刻變成了一頭羊，宋定伯要把羊賣掉。因為怕它再變化成別的東西，宋定伯馬上對那隻羊吐口水，賣得了一千五百錢，才離開市場。因此當時人們就流傳一句話：「定伯賣鬼，得錢千五。」

◈南陽宋定伯年少時，夜行逢鬼。問之，鬼言：「我是鬼。」鬼問：「汝復誰？」定伯誑之，言：「我亦鬼。」鬼問：「欲至何所？」答曰：「欲至宛市。」鬼言：「我亦欲至宛市。」遂行數里。

鬼言：「步行太遲，可共遞相擔，何如？」定伯曰：「大善！」鬼便先擔定伯數里。鬼言：「卿太重，不是鬼也。」定伯曰：「我新鬼，故身重耳。」定伯因復擔鬼，鬼略無重。如是再三。

定伯復言：「我新鬼，不知有何所畏忌。」鬼答言：「唯不喜人唾。」於是共行道遇水，定伯令鬼渡，聽知了然無水音。定伯自渡，漕漼作聲。鬼復言：「何以有聲？」定伯曰：「新死不習渡水故爾，勿怪吾也。」

行欲至宛市，定伯便擔鬼著肩上，急執之。鬼大呼，咋咋然索下。不復聽之，徑之宛市中下，著地化為一羊，便賣之。恐其變化，唾之，得錢千五百乃去。當時有言：定伯賣鬼，得錢千五。

關於《列異傳》

魏晉志怪故事集。關於作者有兩種說法，一說是魏文帝曹丕，一說是晉人張華，可以確定的是該書出自魏晉時人之手。內容多鬼神妖怪之事，原書已佚，《太平廣記》裡收錄了部分篇目。

新死鬼討食物

出自：《幽明錄》

有個新死的鬼，體形看起來又疲憊又消瘦，一日他遇到了生前的友人，已經是個死去將近二十年的老鬼了，看起來則是又肥胖又健壯。他們相互打招呼問候，老鬼說：「你怎麼這麼憔悴不堪啊？」新鬼說：「我餓得前胸貼後背，快不行了，你知道有什麼討食的門路，拜託傳授給我一些祕訣啊。」老鬼朋友說：「這還不容易，你只要去給人們作怪，人們害怕了，就會給你食物了。」

這新鬼聽了老鬼的話，就走到一座大村落的東邊，這裡有戶人家誠心禮佛，家裡西廂房中有架石磨，新鬼就像人一樣的推起這架石磨。沒想到這家主人卻對家裡人說：「佛祖可憐我們家貧窮刻苦，下令讓鬼幫我們推磨。」還運來了麥子讓鬼繼續磨粉，到傍晚時磨完了好幾斛麥子，鬼累壞了，趕緊快快離開。

他回頭去找老鬼罵說：「你怎麼騙我！」老鬼說：「你只管再去作怪，一定會得到食物的。」新鬼聽了他的話，又從村子西邊走進另一戶人家，這家人信奉道教，他家門旁有座舂米用的石碓，這鬼就學人舂米般的舂那石碓。這家主人看到了就說：「昨天鬼幫助某甲磨麥，今天又來幫助我，我再搬些穀子給它舂！」又叫女僕在一旁篩穀子，就這樣舂到傍晚，鬼累壞了，主人也沒有給鬼東西吃。

新鬼晚上回來，對老鬼大發脾氣說：「我和你是親家，交情不同，你怎麼可以再三的欺騙我？這兩天盡幫人幹活，一丁點食物也沒得到啊！」老鬼朋友說：「是你自己沒遇上好機會罷了！這兩戶人家都奉佛事道，自然很難打動。你只要再去尋覓一戶普通人家作怪，就不會得不到食物了。」

新鬼又去試試了，找到了一戶人家，門前有根竹竿，鬼從門中進入，看見有一群女子在窗前吃東西。鬼又到了庭院中，看見一隻白狗，就抱著白狗在空中行走。這家人見了大吃一驚，說從來沒有見過狗會飛的怪事，就請來巫師占卜，巫師說：「這是有鬼要討食物吃，殺掉狗，再備上果品酒飯在庭院中祭祀，就不會有什麼怪事了。」這家人照巫師的話做，新鬼果然得到了一頓美食。從此以後，這鬼總是作怪。這都是那老鬼朋友教的。

◈新死鬼，形疲瘦頓。忽見生時友人，死及二十年，肥健，相問訊曰：「卿那爾？」曰：

「吾飢餓，殆不自任。卿知諸方便，故當以法見教。」友鬼云：「此甚易耳，但為人作怪，人必大怖，當與卿食。」

新鬼往入大墟東頭，有一家奉佛精進，屋西廂有磨，鬼就推此磨，如人推法。此家主語子弟曰：「佛憐吾家貧，令鬼推磨。」乃輦麥與之。至夕，磨數斛，疲頓乃去。

遂罵友鬼：「卿那誑我？」又曰：「但復去，自當得也。」復從墟西頭入一家，家奉道。門旁有碓，此鬼便上碓，為人舂狀。此人言：「昨日鬼助某甲，今復來助吾，可輦谷與之。」又給婢簸篩。至夕，力疲甚，不與鬼食。

鬼暮歸，大怒曰：「吾自與卿為婚姻，非他比，如何見欺？二日助人，不得一甌飲食。」友鬼曰：「卿自不偶耳，此二家奉佛事道，情自難動。今去可覓百姓家作怪，則無不得。」

鬼復出，得一家，門首有竹竿，從門入，見有一群女子，窗前共食。至庭中。有一白狗，便抱令空中行，其家見之大驚，言自來未有此怪。占云：「有客鬼索食，可殺狗，並甘果酒飯，於庭中祀之，可得無他。」其家如師言，鬼果大得食，自此後恆作怪，友鬼之教也。

關於《幽明錄》

作者為南朝宋劉義慶（403～444），六朝志怪故事集。書中多記鬼神靈怪之事。原書已佚，最後由魯迅重新校訂前人集本重新輯錄。

自討沒趣的鬼

出自：《幽冥錄》

阮德如和竹林七賢之一的稽康是好友。他有一次如廁時，在廁所看見一個身材高大的鬼，身長有一丈多，膚色黝黑，眼睛很大，一身黑布薄衫，頭戴布頭巾。阮德如面對突然出現在眼前的大鬼，卻氣定神閒，緩緩笑道：「大家都說鬼讓人厭惡，果然如此。」那個鬼於是羞愧得跑掉了。

◈阮德如嘗於廁見一鬼，長丈餘，色黑而眼大，著皂單衣，平上幘。去之咫尺，德如心安氣定，徐笑語之曰：「人言鬼可憎，果然！」鬼赧而退。

徐秋夫幫鬼治病

出自：《續齊諧記》

浙江錢塘有個叫徐秋夫的人，精通醫理，擅長治病，家住湖溝橋東邊。一天夜裡，他聽到空中傳來呻吟聲，聽起來淒慘悲戚，於是下床走到呻吟傳來的地方，對著空中問說：「你是鬼嗎？為什麼聲音如此淒苦呢？是肚子餓了要吃東西？天氣寒冷需要衣服？還是身體病了需要治療？」鬼回答說：「我是東陽人，姓斯，名僧平。曾經當過樂遊苑的小吏，因罹患腰痛的病而死，現在住湖的北邊。雖然已經成了鬼，但腰痛的狀況跟活著的時候沒什麼兩樣。聽說您精通醫術，所以特地來求您醫治。」

徐秋夫說：「你是沒有形體的鬼，我要如何替你治病呢？」鬼說：「請您用茅草纏成草人，按照人體相對應的穴位來針灸，等到施針完畢後，再把草人棄於流水中，這樣就可以了。」徐秋夫於是照著鬼的指示，在草人的腰部針了兩處，又另外準備了祭品，派人送到湖邊祭拜。到了晚上，徐秋夫夢見鬼對他說：「我的腰病已經痊癒了，感謝您的仁心仁術，而且還準備了豐盛的祭品讓我飽食，真的非常謝謝您的厚意。」徐秋夫是南北朝時代的人，曾在南朝宋文帝元嘉六年時，擔任「奉朝請」的官。

◈錢塘徐秋夫，善治病，宅在湖溝橋東。夜，聞空中呻吟，聲甚苦，秋夫起，至呻吟處，問曰：「汝是鬼邪？何為如此？饑寒須衣食邪？抱病須治療邪？」鬼曰：「我是東陽人，姓斯，名僧平。昔為樂游吏，患腰痛死，今在湖北。雖為鬼，苦亦如生。為君善醫，故來相告。」

秋夫曰：「但汝無形，何由治？」鬼曰：「但縛茅作人，按穴鍼之，訖，棄流水中，可也。」秋夫作茅人，為針腰目二處，並復薄祭，遣人送後湖中。及暝，夢鬼曰：「已差。并承惠食，感君厚意。」秋夫宋元嘉六年為奉朝請。

關於《續齊諧記》

作者為南朝梁吳均（469～520）。六朝志怪故事集。本書內容主要是寫鬼神怪奇故事，但也記錄了一些民間習俗。

田乙賣鬼致富

出自：《耳食錄》

有一個名叫田乙的人，向來不怕鬼，而且還能制伏鬼，於是把賣鬼當成工作。不論是家中的衣食所需，或是妻子兒女的種種花費，都是靠賣鬼賺來的。很多人都知道他，稱呼他為「田賣鬼」。

田乙二十多歲時，曾經半夜在野外趕路，遇見一個肩膀高聳、駝著背、頭大得像車輪的鬼。田乙大聲喝斥著說：「你是什麼東西？」大頭鬼回答說：「我是鬼，你又是什麼東西？」田乙想要看看鬼想幹什麼，因此騙他說：「我也是鬼。」大頭鬼很高興，上前熱情地抱住田乙，田乙只覺得大頭鬼的身體冷得像一個大冰塊。大頭鬼驚訝地鬆開手，並懷疑地說：「你的身體太溫暖了，應該不是鬼吧？」田乙說：「我是健壯的鬼，所以身體比較熱一點。」大頭鬼聽了也就不再懷疑。

田乙詢問大頭鬼有什麼技能？大頭鬼說：「我最擅長變化戲法，我來為你表演這些小小的技法吧。」於是大頭鬼將自己的大頭拿下來放在肚子上，接著又改放在屁股上，過一會後又換成放在胯下，只是不管怎麼放，看起來都像頭本來就是長在那個位置，絲毫沒有任何撕裂或拆解的痕跡。接著大頭鬼又將自己的大頭一個變成兩個，再變成三、四個，再變成五、六個，一直到最後變成十幾個。大頭鬼又把這些頭拋向天空、扔到水裡，或直接在地上旋轉，過沒多久，又將這些頭一個一個安放回自己的脖子上，這些頭就變回原來樣子。大頭鬼所展現的奇形變幻，無法用文字一一完整描述出來。大頭鬼變完以後，也央求田乙顯示一下他的技能，田乙隨便找了理由誆騙大頭鬼，說：「我現在很餓，沒時間變把戲，我正打算去紹興的街市上找東西吃，你要跟我一起去嗎？」大頭鬼高興地表示願意一同前去，於是一人一鬼就走走停停地緩慢朝紹興縣城前進。

半路上，田乙問大頭鬼：「你當鬼幾年了？」大頭鬼說：「已經三十年了。」田乙又問：「那麼你平常住在哪裡？」大頭鬼說：「沒有固定的地方，有時在大樹下，有時住在人家的屋角，有時則是茅廁旁邊的土堆中。」大頭鬼反問田乙，田乙說：「我才當鬼不久，關於趨吉避禍的方法，我全部都還不知道，還希望你能教教我。」田乙想要藉此知道鬼喜歡什麼、害怕什麼，這樣才能引誘或是制伏鬼。大頭鬼不知道他的用意，就說：「鬼是一種陰寒屬性的物體，最喜歡婦人的頭髮，最害怕男子的鼻涕。」田乙把這些話都牢記在心裡。走著走著，遇到一個又瘦又高、樣子像一棵枯樹的鬼。大頭鬼拱手行禮說：「老兄最近還好嗎？」然後指著田乙向瘦鬼介紹說：「他是新來的，跟我們一樣也是鬼。」瘦鬼就走過來，相互寒暄彼此的狀況以後，也跟著田乙、大頭鬼一起走。

快要抵達紹興的市集時，天也快要亮了，大頭鬼與瘦鬼越走越慢。田乙擔心他們就此遁逃隱藏，兩隻手分別捉住他們的手臂，一左一右拉著他們繼續走。二鬼輕飄飄的幾乎沒什麼重量，因此田乙可以快速前進，二鬼發覺情況不對，慌張地大叫：「你不怕天亮嗎？你肯定不是鬼！你最好趕快放手，不要逼我們。」田乙完全不理會他們，反而把手抓得更緊。二鬼嚇得大聲哀叫，不久漸漸沒有聲音。天完全亮了之後，田乙一看，手上捉住的鬼已經變成了一胖一瘦的兩隻鴨子了。田乙擔心他們會再變化成其他東西，就捏著鼻子朝著鴨子擤鼻涕，然後拎著兩隻鴨子到市集上賣，賣得了三百文錢。

此後，田乙每晚都會帶著一些女人的頭髮，隨意地在野外行走找鬼。孤魂野鬼們受到女人頭髮的吸引，大多會主動靠近他，也往往被田乙制伏。有的鬼變成了豬、羊，有的變成了魚、鳥，都被田乙拿到市場上販賣，得錢財後再去買其他的東西。如果有賣不完的時候，田乙也會自己把牠們宰殺、烹調後吃掉，據說味道非常甘甜可口。

非非子說：「世界上機智聰明到能賣人的人，會被人說是鬼，意思是他陰險奸詐得像鬼一樣。像鬼的人被這樣說，那真的鬼又會怎麼樣？而這世上居然有賣鬼的人，那麼表示鬼的陰險還比不上人的陰險嗎？應該把像人的鬼當做鬼裡面比較陰險奸詐的才對。」

◈有田乙，素不畏鬼，而尤能伏鬼，遂以賣鬼為業。衣食之需，妻孥之供，悉賣鬼所得。人頗識之，呼為「田賣鬼」云。

年二十餘時，嘗夜行野外，見一鬼肩高背曲，頭大如輪。田叱之曰：「爾何物？」鬼答言：「我是鬼，爾是何物？」田欲觀其變，因紿之曰：「我亦鬼也。」鬼大喜躍，遂來相嬲抱，體冷如冰。鬼驚疑曰：「公體太暖，恐非鬼。」田曰：「我鬼中之壯盛者耳。」鬼遂不疑。

田問鬼有何能，鬼曰：「善戲，願呈薄技。」乃取頭顱著於腹，復著於尻，已復著於胯，悉如生就，無少裂拆。又或取頭分而二之，或三四之，或五六之，以至於十數，不等。擲之空，投之水，旋轉之於地，已而復置之於項。奇幻之狀，靡不畢貢。既復求田作戲，田復紿之曰：「我飢甚，不暇作戲，將覓尋紹與市，爾能從乎？」鬼欣然願偕往，彳亍而行。

途次，田問曰：「爾為鬼幾年矣？」曰：「三十年矣。」問：「住何所？」鬼言：

「無常所，或大樹下，或人家屋角，或廁旁土中。」亦問田，田曰：「我新鬼也，趨避之道，一切未諳。願以教我。」蓋欲知鬼所喜以誘之，知鬼所忌以制之也。鬼不知其意，乃曰：「鬼者陰屬也，喜婦人髮，忌男子鼻涕。」田志之。方行間，又逢一鬼，臞而長，貌類枯木。前鬼揖之曰：「阿兄無恙？」指田示之曰：「此亦我輩也。」臞鬼乃來，近通款洽焉，亦與懼行。

將至市，天欲曉，二鬼行漸緩。田恐其隱遁，因兩手捉二鬼臂，牽之左右行。輕若無物，行甚疾。二鬼大呼：「公不畏曉耶？必非鬼。宜速釋手，無相逼也。」田不聽，持愈急。二鬼哀叫，漸無聲。天明視之，化為兩鴨矣。田恐其變形，乃引鼻向鴨噴嚏。持入市賣之，得錢三百。

後每夜挾婦髮少許，隨行野外索鬼。鬼多來就之，輒為所制。或有化羊豕者，變魚鳥者，悉於市中賣得錢以市他物。有賣不盡者，亦自烹食之，味殊甘腴。

非非子曰：機智之能賣人者，人咸謂之鬼，謂其吊詭有似於鬼也。似鬼者若此，真鬼當何如？而世更有賣鬼之人也，然則鬼之詭亦烏能及人之詭哉？當以鬼之似人者為鬼之詭耳。

關於《耳食錄》

作者樂鈞（1776~1814或1816），清代文言短篇小說集。樂鈞青年時就成為幕僚，四處遊歷，行遍名山大川，古跡舊都。他一邊寫詩，一邊沿途收集整理的趣文奇事，著成《耳食錄》。書裡記述了愛情故事和大量鬼怪故事及民間奇聞趣事。

鬼有三技

出自：《新齊諧》

蔡魏公常常說，鬼有三種本領，第一是迷惑、第二是遮擋、第三是嚇唬。

有人問他：「這三種本領怎麼說呢？」他回答：我有個姓呂的表弟，是松江府的書生。他向來天不怕地不怕，自稱「豁達先生」。有一次他經過泖湖西鄉時，天色漸暗，看到一個施了脂粉的婦人，手裡拿著一根繩子，神色匆忙地跑過來。婦人看到呂生，就連忙躲到大樹後面，手裡拿的繩子掉在地上。呂生拾起來一看，原來是條草繩；再嗅了嗅，一股腐臭之氣頓時衝鼻而來。他心裡知道，這個婦人是個吊死鬼，便將繩子藏在身上，繼續向前走。

這婦人從樹後跑出來，往前攔阻呂生。他向左走，婦人就攔在左邊，他向右走，婦人就攔在右邊。呂生心裡曉得，這就是人們俗稱的「鬼打牆」了。他不顧一切直衝而行，那女鬼沒有辦法，於是大叫一聲，變成披頭散髮、血流滿身的厲鬼模樣，伸出一尺多長的舌頭，撲向呂生。

呂姓書生說：「妳先前塗眉畫粉，是想要迷惑我；接著在我面前左阻右攔，想遮擋我；現在又變成厲鬼的凶惡模樣，想嚇唬我。這三種本領都施展出來了，我都不怕。想來妳已經無計可施了吧？妳可知道人家都叫我『豁達先生』嗎？」

女鬼聽了只好變回婦人的樣子，跪在地上說：「我是城裡姓施的女子，和丈夫吵架，一時想不開，上吊死了。現在聽說泖東有個婦女，也和她的丈夫發生口角，所以想去找她當替死鬼。想不到半路上被先生您截住，又將我的繩子奪去。我實在沒有辦法了，請先生看在我可憐的份上，為我超生吧。」

呂生問：「要怎麼幫妳超生？」她說：「請你替我轉告城裡的施家，設道場，請有道行的僧人，多幫我念《往生咒》，我就可以投胎轉世了。」呂生笑著說：「我就是有道行的僧人，我也有一篇《往生咒》，為妳念一遍吧！」隨即高聲念道：「好大世界，無遮無礙。死去生來，有何替代？要走便走，豈不爽快！」女鬼聽完後，恍然大悟，趴在地上磕了幾個頭，就跑走了。

後來當地人說：「這裡一向不平靜，自從豁達先生經過以後，再也沒有東西作怪了。」

◈蔡魏公孝廉常言：「鬼有三技：一迷二遮三嚇。」

或問：「三技云何？」曰：我表弟呂某，松江廩生，性豪放，自號豁達先生。嘗過泖湖西鄉，天漸黑，見婦人面施粉黛，貿貿然持繩索而奔。望見呂，走避大樹下，而所持繩則遺墜地上。呂取觀，乃一條草索。嗅之，有陰霾之氣。心知為縊死鬼。取藏懷中，徑向前行。

其女出樹中，往前遮攔，左行則左攔，右行則右攔。呂心知俗所稱「鬼打牆」是也，直衝而行。鬼無奈何，長嘯一聲，變作披髮流血狀，伸舌尺許，向之跳躍。呂曰：「汝前之塗眉畫粉，迷我也；向前阻拒，遮我也；今作此惡狀，嚇我也。三技畢矣，我總不怕，想無他技可施。爾亦知我素名『豁達先生』乎？」鬼仍復原形跪地曰：「我城中施姓女子，與夫口角，一時短見自縊。今聞泖東某家婦亦與其夫不睦，故我往取替代。不料半路被先生截住，又將我繩奪去。我實在計窮，只求先生超生。」

呂問：「作何超法？」曰：「替我告知城中施家，作道場，請高僧，多念《往生咒》，我便可托生。」呂笑曰：「我即高僧也。我有《往生咒》，為汝一誦。」即高唱曰：「好大世界，無遮無礙。死去生來，有何替代？要走便走，豈不爽快！」鬼聽畢，恍然大悟，伏地再拜，奔趨而去。

後土人云：「此處向不平靜，自豁達先生過後，永無為祟者。」

蔡郎中假鬼

出自：《閱微草堂筆記》

古人蓋祠堂和廟宇，是為了用祭祀使後人遙想他們的風範、作為榜樣，產生仿效之心，這也是維護風俗、鼓勵良善的教化方法。其中有不少神靈常在，能感應顯靈的，也有冒名假託，藉以騙取祭祀的。

相傳有個書生，住在陳留的一個村子裡，因為天氣熱來到郊外散步。黃昏之後，天色昏暗，忽然遇見一個人行禮作揖，向他搭話。兩人坐在老樹下，書生問起對方的籍貫姓名。這人說：「你不要怕，我就是漢末的蔡邕。我的祠堂和墳墓雖然還在，但已經很少有人來祭拜了。我生前是個讀書人，死後不願意向那些俗人求祭祀。因為覺得和你氣味相投，所以才現身相求。明天你可以在這兒祭奠我嗎？」

書生一向器量寬宏，也不害怕，開始問起漢代末年的事。但鬼回答的內容，大多是依據羅貫中的《三國演義》，書生開始暗暗起疑；等到問起鬼的生平，其所敘述的詳細情況，一一都與元代高則誠《琵琶記》裡的情節雷同。於是書生笑道：「我生活不大寬裕，實在無力祭奠你，你應該去求那些有能力的人。我只能給你個建議：以後應該稍微翻一下《後漢書》、《三國志》和《蔡中郎集》，這樣你再假裝蔡邕出去求祭祀時，會更像一些。」一鬼的臉一下子面紅耳赤，跳起來現出鬼的原形跑了。這個故事是在影射裝神弄鬼騙取財物，其實鬼也會啊。

◈古人祠宇，俎豆一方，使後人挹想風規，生其效法，是即維風勵俗之教也。其間精靈常在，肸蠁如聞者，所在多有；依託假借，憑以獵取血食者，間亦有之。

相傳有士人宿陳留一村中，因溽暑散步野外。黃昏後，冥色蒼茫，忽遇一人相揖。俱坐老樹之下，叩其鄉里名姓。

其人云：「君勿相驚，僕即蔡中郎也。祠墓雖存，享祀多缺；又生列士流，歿不欲求食於俗輩。以君氣類，故敢布下憂。明日，賜一野祭可乎？」

士人故雅量，亦不恐怖，因詢以漢末事，依違酬答，多羅貫中《三國演義》中語，已竊疑之；及詢其生平始末，則所述事跡與高則誠《琵琶記》纖悉曲折，一一皆同。因笑語之曰：「資斧匱乏，實無以享君，君宜別求有力者。惟一語囑君：自今以往，似宜求

《後漢書》、《三國志》、中郎文集稍稍一觀，於求食之道更近耳。」其人面頰徹耳，躍起現鬼形去。是影射斂財之術，鬼亦能之矣。

故事雲・中國鬼話經典大閱讀

編 著 者　吳昆展
美術設計　徐睿紳
內頁排版　高巧怡
行銷企劃　蕭浩仰、江紫涓
行銷統籌　駱漢琦
業務發行　邱紹溢
營運顧問　郭其彬
責任編輯　吳佳珍
總 編 輯　李亞南
出　　版　漫遊者文化事業股份有限公司
地　　址　台北市大同區重慶北路二段88號2樓之6
電　　話　(02) 2715-2022
傳　　真　(02) 2715-2021
服務信箱　service@azothbooks.com
網路書店　www.azothbooks.com
臉　　書　www.facebook.com/azothbooks.read
營運統籌　大雁出版基地
地　　址　新北市新店區北新路三段207之3號5樓
電　　話　(02) 8913-1005
傳　　真　(02) 8913-1056
劃撥帳號　50022001
戶　　名　漫遊者文化事業股份有限公司
初版一刷　2024年11月
定　　價　台幣350元
I S B N　978-626-409-016-2

國家圖書館出版品預行編目(CIP)資料

故事雲・中國鬼話經典大閱讀 / 吳昆展編著. -- 初版. -- 臺北市 : 漫遊者文化事業股份有限公司出版 ; 新北市 : 大雁出版基地發行, 2024.11
272面 ; 14.8×21公分
ISBN 978-626-409-016-2(平裝)
1.CST: 鬼靈 2.CST: 民間故事 3.CST: 中國
539.597　　113015450